처음 만나는
풀꽃 이야기

처음 만나는 풀꽃 이야기

초판 2쇄 2025년 12월 15일

지은이 이동혁

펴낸곳 도서출판 이비컴
펴낸이 강기원

편　집 최은경
이미지 게티이미지뱅크
마케팅 박선왜

주　　소 (02635) 서울 동대문구 고산자로 34길 70, 431호
대표전화 (02)2254-0658 팩스 (02)2254-0634
전자우편 bookbee@naver.com

등록번호 제6-0596호(2002.4.9)
ISBN 978-89-6245-239-6 (73480)

ⓒ이동혁, 2025

· 저작권자와의 계약에 따라 발행한 것이므로 저자와 출판사의 허락 없이 복제할 수 없습니다.
· 파본이나 잘못 인쇄된 책은 구입하신 서점에서 교환해 드립니다.

처음 만나는
풀꽃 이야기

이동혁 지음

이비락 樂

어린이 여러분께_ 풀꽃과 친구되기

안녕, 어린이 여러분? 만나게 돼서 반가워요. 나는 혁이 삼촌이라고 해요. 풀꽃나무와 정말 친한 친구죠. 푸른색 야구모자에 등산복 차림으로 쭈그리고 앉아 작은 꽃에 카메라를 들이대고 있는 사람을 보게 된다면 혹시 혁이 삼촌이 아니냐고 물어보세요. 흰 이를 드러낸 채 씽긋이 웃는다면 그가 아마 혁이 삼촌이 맞을 거예요.

여러분은 봄, 여름, 가을, 겨울 중 어느 계절을 가장 좋아하나요? 봄이 제일이라는 친구들은 아마 혁이 삼촌처럼 풀꽃과 나무를 좋아하는 친구가 아닐까 싶어요. 둘러보면 우리 주위에는 여러 친구가 있어요. 쉽게 이름을 알고 친해지는 친구가 있는가 하면, 학년이 다 끝나도록 이름조차 입에서 금방 나오지 않는 친구도 있어요. 왜 그럴까요? 그 친구가 나한테 다가오지 않아서 그런가요? 혹시 내가 먼저 그 친구한테 다가가지 않아서 그런 건 아닐까요? 어쩌면 그 친구도 나한테 관심을 갖고 있었을지 모르는 일인데 말이에요.

　자연에는 그런 친구들이 더욱 많아요. 풀꽃나무가 그러하죠. 그 친구들은 땅에 심어져 있기 때문에 우리가 먼저 찾아와주기를 바라고 있어요. 아무리 작은 풀꽃이라 해도 다 이름이 있어서 자기만의 이름을 불러주기를 기다리고 있답니다. 여러분들도 심심할 때 누군가 자기의 이름을 부르며 찾아주기를 기다리듯이 말이에요.

　삼촌은 어른이지만 풀꽃과 나무를 처음 공부할 때에는 여러분들과 다를 게 없었어요. 구별하기 쉬운 친구도 번번이 헷갈려 했죠. 그래서 매일같이 산을 오르고 들녘을 쏘다니면서 하나씩 생김새와 이름을 정확히 알게 되었고, 그 후부터는 꽃이 아니라 잎만 봐도 금세 알아볼 정도가 되었어요. 그래서 삼촌은 어린이 여러분도 풀꽃나무 친구를 어렵지 않게 찾을 수 있도록 안내해주는 책이 한 권쯤 있었으면 하는 바람을 가졌어요. 그러다 이렇게 직접 만들게 되었죠.

　이 안에는 여러분들과 친구가 되고 싶어하는 여러 친구들의 얼굴이 담겨 있어요. 이 책 속의 친구들도 자신들을 찾아와줄 여러분들의 얼굴을 궁금해하고 있을 거예요. 자, 준비가 되었다면 삼촌과 함께 떠나볼까요?

부모님과 선생님들께_ 좋은 벗의 필요성

어느 소설가가 이런 말을 했습니다. '건전한 오락 가운데 가장 권장해야 할 것은 자연을 벗하는 것과 독서하는 것 두 가지라 하겠다.' 저는 이 두 가지를 함께할 수 있는 일로 풀꽃나무 공부를 권해드리고 싶습니다. 유튜브다 스마트폰이다 해서 혼자 지내거나 좋지 않은 영상에 빠지게 될 위험이 많은 요즘 어린이들에게 풀꽃과 나무를 좋은 벗으로 소개해주고 또 공부할 수 있게 해준다면 그보다 좋은 정서 교육은 없으리라 믿습니다.

이런 생각에 공감하신 부모님들이 아이들과 함께 산행에 나서곤 합니다. 그런데 아이들이 "엄마, 이게 무슨 풀이야?" "아빠, 이게 무슨 꽃이야?" 하고 묻는데도 선뜻 답을 못 하고 "검색해 봐" 하는 경우를 종종 보게 됩니다. 여러분들도 그런 경험 있으신지요. 한번은 평택의 어느 초등학교에서 오산시 소재의 세마대로 소풍을 온 일이 있었습니다. 호기심 많은 아이들이 풀꽃과 나무의 이름을 물었지만 일일이 대답해주는 선생님은 거의 없었습니다. 마침 사진을 찍고 있던 제가 일러주자 아이들이 자꾸 저를 따라다녀서 선생님들께 미안해했던 기억이 납니다. 호기심 많은 아이들은 어른들이나 선생님이라고 하면 모르는 게 없는 사람으로 압니다. 그래서 궁금한 것이 생기면 그 즉시 질문을 합니다. 하지만 베란다에서 화초 같은 것이나 키워

보았을 뿐, 자연 속의 풀꽃나무와 접해볼 기회가 많지 않았던 분이라면 아이들의 계속되는 질문에 난처해지기 십상인 것입니다.

제가 학원에서 초등학교 4학년생을 가르칠 때, 아이들이 식물에 대해 얼마나 관심이 많은가 하는 것을 알게 되었습니다. 애기똥풀은 잎을 자르면 애기똥 같은 노란 액이 나오기 때문에 그런 이름이 붙었다고 가르쳐주자 신기해하면서 그 잎이 다 해지도록 자르고 또 잘라보는 것이었습니다. 4학년 과학 시간에 배우게 되는 강아지풀의 수염뿌리를 실제로 캐서 보여주자 아이들은 더욱 선명히 기억하였습니다. 그런 모습들을 보면서 아이들의 눈높이에 맞는 책의 필요성을 절감하게 되었습니다.

이 책은 기본적으로 어린이들을 위한 책이지만 길잡이 역할을 하는 부모님이나 선생님을 위한 책이기도 합니다. 그래서 어려운 용어보다는 쉬운 말로 풀이해서 이해를 돕고자 했고, 전문적인 지식보다는 실생활적인 이야기 위주로 구성했습니다. 또한 꽃이 피는 시기가 많이 바뀌어가고 있는 점을 고려하여 좀더 실제적인 개화기를 반영하려고 했고, 기존의 책에서 잘못 설명된 부분을 바로잡아 올바른 지식을 전달하려고 노력했습니다.

책의 구성은 일단 주로 발견할 수 있는 장소를 기준으로 네 개의 마당으로 나누었습니다. 산과 들, 물가와 바닷가, 논과 밭, 화단과 화분이 그것입니다. 그것을 다시 특징과 이름과 쓰임에 의한 분류로 각각 나누어 모두 48개의 항목으로 정리했습니다. 각각의 항목에서는 기본 소개 식물 1종(총 48종) 외에 관련 소개 식물들을 1종 이상(총 116종) 추가하여 좀 더 풍부한 내용이 되도록 꾸몄습니다(총 164종).

고마운 분께_ 이 책이 다시 나오기까지

이 책의 완성은 앞서간 여러 선생님의 노고가 선행되었기에 가능한 일이었습니다. 디딤돌이 되어준 그분들의 책과 모든 노력에 엎드려 절합니다.

책도 책이지만 풀꽃나무를 공부하는 데 있어 가장 큰 스승이 되어주시고 또 제가 하는 일이라면 무엇이든 반대하는 법 없이 묵묵히 응원해 주시는 부모님, 그리고 제 유년 시절의 정서를 넉넉한 품으로 지켜주신 영원한 농군 외삼촌께도 감사드립니다.

아울러 작은 일이 인연이 되어, 부족한 저에게 선뜻 기회를 주시고 개정판을 내는 기쁨을 준 출판사에도 감사의 말씀을 전합니다

2025년 여름, 혁이삼촌 이동혁

머리말_ 어린이 여러분께 … 004

풀꽃을 알려면 이것부터 알고 시작해요 … 014

첫째마당 산과 들의 풀꽃 친구

작은 꽃이 말려 있어요 **꽃마리**_ 참꽃마리 … 024

들에 피는 국화죠 **쑥부쟁이**_ 개쑥부쟁이 · 까실쑥부쟁이 · 개미취 · 구절초 · 산국 · 감국 … 027

꽃봉오리가 붓을 닮았어요 **붓꽃**_ 각시붓꽃 · 타래붓꽃 · 금붓꽃 … 032

제비가 돌아올 때 피어요 **제비꽃**_ 흰제비꽃 · 노랑제비꽃 · 남산제비꽃 · 알록제비꽃
· 졸방제비꽃 · 종지나물 … 036

독이 있어 더 예쁘죠 **얼레지**_ 반하 · 천남성 · 앉은부채 · 동의나물 … 041

나팔꽃과는 조금 달라요 **메꽃**_ 애기메꽃 · 갯메꽃 · 나팔꽃 · 둥근잎유홍초 … 046

앉은 채로 피는 꽃 **민들레**_ 서양민들레 · 흰민들레 … 051

잎에서 향기가 나요 **박하**_ 산박하 · 배초향 · 향유 · 꽃향유 · 짚신나물 · 오이풀 … 056

언 땅을 뚫고 나와요 **복수초**_ 연복초 … 061

슬픈 전설로 피었어요 **할미꽃**_ 동자꽃 … 064

이름에 '닭'이 들어가요 **닭의장풀**_ 덩굴닭의장풀 … 068

이름에 '노루'가 들어가요 **노루귀**_ 노루발풀 · 매화노루발 · 노루오줌 · 숙은노루오줌 … 072

중학교 소설 '소나기'에 나와요 **마타리**_ 뚝갈 … 077

나리 중에서도 진짜 나리 **참나리**_ 땅나리 · 중나리 · 말나리 · 하늘말나리 · 애기나리 · 뻐꾹나리 … 080

애기 똥 같은 액이 나와요 **애기똥풀**_ 피나물 … 084

쓴 뿌리로 입맛을 돋우어요 **고들빼기**_ 왕고들빼기 · 씀바귀 · 자주쓴풀 … 087

피를 멎게 해준대요 **엉겅퀴**_ 지느러미엉겅퀴 · 큰엉겅퀴 … 091

봄이면 된장찌개에 넣어 먹죠 **냉이**_ 말냉이 · 는쟁이냉이 · 미나리냉이 … 084

풋거름으로 쓰기 위해 심었어요 **자운영**_ 자주개자리 · 벌노랑이 · 토끼풀 … 098

이름에 '고양이'가 들어가요 **괭이밥**_ 붉은괭이밥 · 큰괭이밥 … 101

뿌리줄기로 차를 만들어 마셔요 **둥굴레**_ 통둥굴레 · 용둥굴레 · 각시둥굴레 · 갈고리층층둥굴레 … 104

둘째마당 물가와 바닷가의 풀꽃 친구

물을 깨끗하게 해줘서 고마운 풀 **고마리**_ 며느리밑씻개 · 며느리배꼽 · 미꾸리낚시 … 110

이름만큼 예쁜 꽃 **반디지치**_ 모래지치 … 114

진흙 속에서도 피는 꽃 **연꽃**_ 수련 · 어리연꽃 · 마름 … 117

부들부들 떨어서, 부들부들 부드러워서 **부들**_ 애기부들 · 꼬마부들 … 121

물고기의 부레를 흉내 내요 **부레옥잠**_ 물옥잠 · 물달개비 … 124

잎이 화살촉 모양이에요 **벗풀**_ 보풀 … 127

가늘어서, 혹은 가을에 꽃피어서 **갈대**_ 억새 · 달뿌리풀 … 130

짜디짠 갯벌에서 자라요 **퉁퉁마디**_ 칠면초 · 해홍나물 · 나문재 … 134

특이하게 살아가는 바닷가 친구 **해국**_ 갯완두 … 139

셋째 마당 논과 밭의 풀꽃 친구

뿌리의 맛으로도 알 수 있죠 **도라지**_ 잔대 · 더덕 … 144

몸에서 고소한 냄새가 나요 **참깨**_ 들깨 · 차조기 … 148

호박꽃도 꽃이에요 **호박**_ 오이 · 수세미오이 · 하늘타리 … 151

우산 대신 써도 돼요 **토란**_ 아주까리 · 우산나물 … 155

쌀나무가 아니에요 **벼**_ 보리 … 159

가지가지 여러 가지 **가지**_ 백가지 · 도깨비가지 … 162

강남에서 온 친구예요 **강낭콩**_ 덩굴강낭콩·붉은강낭콩·긴강남차 … 165

매워도 영양 만점 **고추**_ 꽃고추 … 169

넷째 마당   화단과 화분의 풀꽃 친구

끈끈이가 달렸어요 **끈끈이대나물**_ 대나물 … 174

나무가 아니라 풀꽃이에요 **작약**_ 모란·겹작약 … 177

가을에만 피는 게 아니죠 **코스모스**_ 황금코스모스·큰금계국·기생초 … 181

봄이면 들판을 샛노랗게 만들어요 **유채**_ 갓 … 185

백일 넘게 피는 꽃 **백일홍**_ 천일홍 … 189

이름에 '호랑이'가 들어가요 **범부채**_ 애기범부채·꽃범의꼬리 … 192

손대면 터져요 **봉선화**_ 물봉선·흰물봉선·노랑물봉선 … 195

해를 향한 일편단심 **해바라기**_ 겹해바라기·뚱딴지 … 199

아파트 화단에도 흔히 심죠 **맥문동**_ 개맥문동 … 203

화단을 아름답게 장식해요 **분꽃**_ 채송화·금낭화·수선화 … 207

맺음말_ 작은 생명의 소중함과 아름다움 … 226

부록 마당

1. 식물 용어 찾아보기 … 212
2. 찾아보기 … 216
3. 식물 관찰 일기(견본용 1, 2) … 222

    어떠한 일에 있어 기본적으로 갖추고 있어야 할 지식을 배경지식이라고 해요. 식물 친구들의 얼굴을 익히기 전에도 미리 알고 있어야 할 배경지식이 몇 가지가 있어요. 식물에 대한 기본적인 상식과 자주 쓰이는 낱말들이 바로 그것이에요. 그 정도는 알고 있어야 무슨 말인지 이해하기가 쉽고 책 읽기가 재미있어지니까 여기서 미리 공부하고 들어가도록 해요.

    식물은 우선 풀과 나무로 나눌 수 있어요. 풀은 겨울이 되면 땅 위의 부분이 없어지기 때문에 줄기 안에 나이테를 만들지 않고 부피가 더 이상 커지지 않는다는 특징이 있어요. 반면에 나무는 겨울 추위를 이겨내면서 나이테를 만들고 부피가 계속해서 커져요. 그것이 풀과 나무의 가장 큰 차이점이에요. 그러니 우리가 여기서 만나게 될 풀꽃 친구는 나이테가 없는 줄기를 갖고 살다가 겨울이면 땅 위의 부분이 말라 없어지는 친구들이라고 보면 돼요.

풀꽃 친구는 살아가는 상태에 따라 한해살이풀, 두해살이풀, 여러해살이풀로 나눠요. 한해살이풀은 싹이 나서 꽃이 피고 열매를 맺는 과정을 한 해 안에 마치고 말라 죽는 풀을 말해요. 강아지풀이나 닭의장풀처럼 말이에요. 두해살이풀은 일단 그 해에 싹이 나서 겨울을 지낸 다음 이듬해에 자라서 꽃피우고 열매를 맺은 후 말라 죽는 풀을 말해요. 즉, 싹이 나서 꽃피고 죽는 데까지 두 해가 걸리는 친구들이죠. 냉이나 보리가 그러해요. 여러해살이 풀은 겨울이 되면 땅 위의 부분은 없어지지만 땅속 뿌리나 땅속 줄기가 살아 있어서 이듬해 봄이 되면 다시 싹을 내미는 풀을 말해요. 말 그대로 여러 해를 사는 친구들이죠. 쑥부쟁이나 참나리가 그렇게 여러 해를 살아요.

식물의 구조는 잎, 줄기, 뿌리, 꽃으로 나누며, 이것을 영양기관(잎, 줄기, 뿌리)과 생식기관(꽃, 열매, 씨앗)으로 나누기도 해요. 어떤 역할을 하는지 자세히 살펴볼게요.

잎은 빛을 받아 광합성작용을 하고, 식물 내의 수분을 밖으로 내보내는 작용도 해요. 광합성이 뭐냐고요? 빛을 이용하여 영양분을 만들어내는 일이에요. 잎은 턱잎, 잎자루, 잎몸으로 구성되지만 풀꽃의 종류에 따라 턱잎과 잎자루가 있기도 하고 없기도 해요.

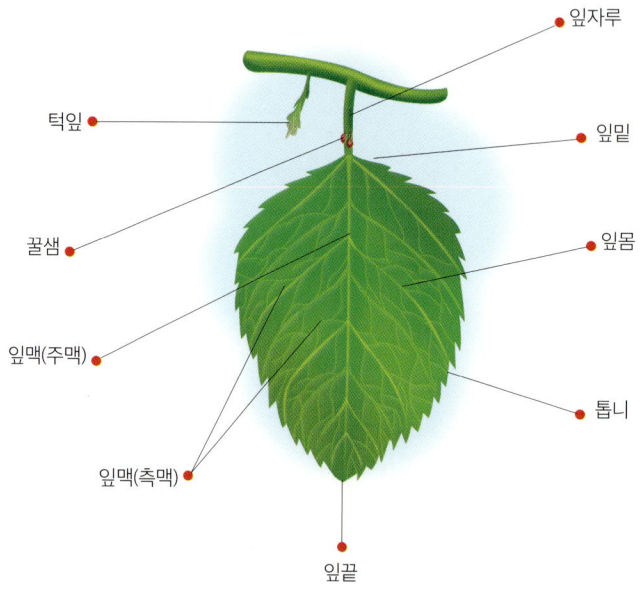

잎에 나 있는 잎맥의 종류에는 나란히맥과 그물맥이 있어요. 맥이 서로 나란히 되어 있는 것을 나란히맥이라고 하고, 그물 모양으로 얽혀 있는 것을 그물맥이라고 해요.

재미있는 것은 벼과나 백합과의 친구처럼 떡잎이 하나씩 나오는 외떡잎식물은 대개 나란히맥으로 되어 있고, 명아주과나 국화과의 친구처럼 떡잎이 둘씩 나오는 쌍떡잎식물은 대개 그물맥으로 되어 있다는 사실이에요. 그러니 잎맥만 보고도 그 식물이 외떡잎식물인지 쌍떡잎식물인지 알 수 있어요. 반대로, 외떡잎식물인지 쌍떡잎식물인지만 안다면 그 식물의 잎맥이 나란히맥인지 그물맥인지 알아맞힐 수도 있어요.

나란히맥　　　　그물맥

　잎은 달려 있는 상태에 따라 홑잎과 겹잎으로 나눠요. 달랑 한 개의 잎으로만 되어 있는 것을 홑잎이라고 하고, 여러 개의 작은 잎이 모여서 한 개의 잎을 이루는 것을 겹잎이라고 해요. 홑잎은 잎몸의 모양에 따라 선형, 피침형, 난형, 주걱모양, 심장모양 등등 여러 가지로 나누어요. 겹잎은 갈라진 작은잎이 달려 있는 상태에 따라 깃꼴겹잎과 삼출겹잎, 그리고 손꼴겹잎으로 나누어요. 새의 깃 모양으로 겹잎이 달리는 것을 깃꼴겹잎이라고 하는데, 전체의 수가 짝수면 짝수깃꼴겹잎이라고 하고, 홀수면 홀수깃꼴겹잎이라고 해요. 삼출겹잎은 작은잎이 세 장씩 모여서 달리는 겹잎을 말해요. 손꼴겹잎은 5~7장 정도의 잎이 손바닥 모양으로 달리는 겹잎을 말하고요.

　여기서 말하는 '작은잎'이라는 말은 겹잎에 작게 달리는 가가각의 잎으로서, '쪽잎'이라고 부르기도 해요.

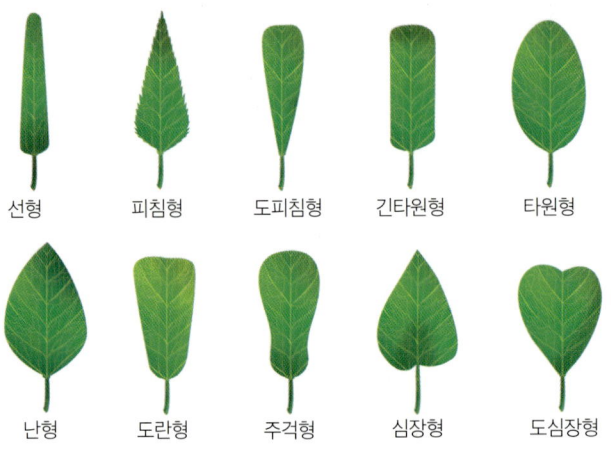

잎이 줄기에 붙어 있는 모양을 잎차례라고 하는데, 그 역시 식물의 종류를 구별하는 기준이 되기도 해요. 잎차례가 배열되는 모양에 따라 어긋나기, 마주나기, 십자마주나기, 돌려나기로 나누거든요.

그런가 하면 잎이 나는 위치에 따라 뿌리잎과 줄기잎으로 구분하기도 해요. 뿌리 쪽에 난 잎을 뿌리잎이라고 부르고, 줄기 쪽에 난 잎을 줄기잎이라고 부르는 거죠. 식물에 따라 뿌리잎과 줄기잎의 모양이 서로 다른 경우가 아주많아요.

어긋나기　　　마주나기　　　십자마주나기　　　돌려나기

줄기는 잎과 가지가 달린 식물의 윗부분을 지탱해주는 역할을 해요. 줄기에 나이테가 생기는가 생기지 않는가 하는 점으로 풀과 나무를 구분한다는 것, 앞에서 배운 기억이 날 거예요. 줄기 속에는 관다발이라는 조직이 있어서 물과 양분을 이동시키는 역할을 해요. 관다발은 물관과 체관으로 구성되어 있어서, 물관은 물을 이동시키고, 체관은 영양분을 이동시키는 역할을 해요.

땅 속에 있는 줄기를 땅속줄기라고 하는데, 땅 속에 있다 보니 뿌리와 착각하기 쉬워요. 땅속줄기가 둥근 알처럼 생겼으면 알줄기, 덩어리로 되어 있으면 덩이줄기, 여러 개의 비늘이 포개진 것처럼 보이면 비늘줄기라고 구분해요. 땅 위로 가는 줄기는 기는줄기라고 해요. 땅 위를 기면서 자라다가 땅에 닿는 부분에서 뿌리를 내리기도 하죠.

땅속줄기   알줄기   비늘줄기

기는줄기   덩이줄기

뿌리는 식물 전체를 지탱해줄 뿐 아니라 땅에서 수분과 양분을 흡수

하는 역할을 해요. 그밖에 앞에서 만든 영양분을 저장하는 뿌리도 있어요.

 뿌리는 생김새에 따라 곧은뿌리와 수염뿌리로 나눠요. 곧은뿌리는 굵직하고 곧은 원뿌리와 그 곁에 달리는 곁뿌리로 이루어지며, 수염뿌리는 수염처럼 가느다란 뿌리로만 되어 있어요. 곧은 뿌리는 쌍떡잎식물에 많으며, 수염뿌리는 외떡잎식물에 많다는 특징이 있어요. 그래서 다음과 같은 표가 만들어져요.

나란히맥	그물맥
외떡잎식물	쌍떡잎식물
수염뿌리	곧은뿌리

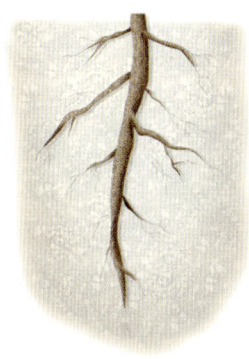
곧은뿌리

수염뿌리

꽃은 자손을 널리 퍼뜨리는 일을 담당하는 기관이에요. 꽃가루받이와 수정을 위해 다양한 형태를 가졌죠. 꽃은 수정에 직접 관계하는 수술과 암술, 그리고 수정에는 직접 관계가 없는 꽃잎과 꽃받침으로 구성되어 있어요. 이 네 가지를 다 갖추고 있는 꽃을 갖춘꽃(완전화)이라 부르고, 이 네 가지를 다 갖추지 못한 꽃을 안갖춘꽃(불완전화)이라고 해요.

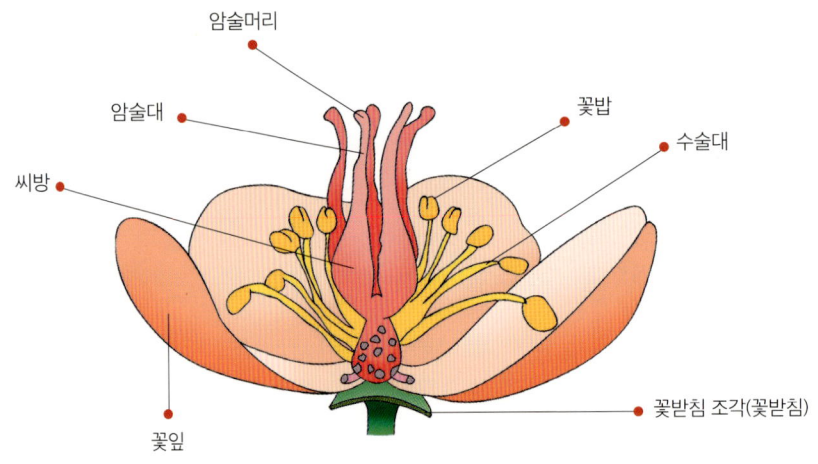

　각각의 구성과 기능을 살펴보면 다음과 같아요. 꽃가루를 만드는 수술은 수술대와 꽃밥으로 구성되어 있어요. 암술은 씨방과 암술대와 암술머리의 세 부분으로 되어 있고요. 암술과 수술이 한 꽃에 있는 경우는 양성화라고 하고, 암술과 수술이 다른 꽃에 있는 경우는 단성화라 하여 구분하기도 해요. 꽃잎과 꽃받침은 대게 암술과 수술을 보호하는 역할을 담당해요. 때로는 꽃잎보다 더 화려한 꽃받침이 꽃잎처럼 보이는 친구도 있어요. 꽃에 따라 수술, 암술, 꽃잎, 꽃받침의 모양과 색이 아주 다양해요.

　한 겹의 꽃잎으로 이루어진 꽃을 홑꽃이라고 하고, 여러 겹의 꽃잎으로 이루어진 꽃을 겹꽃이라고 해요. 여러 개의 꽃이 모여서 이루는 전체적인 모양을 꽃차례라고 하는데, 그 모양을 여러 가지로 나누기도 해요.

첫째 마당

산과 들의 풀꽃 친구

작은 꽃이 말려있어요

꽃마리 | 지치과

오늘 공부하는
풀꽃은요~

● 학명 : Trigonotis peduncularis   4~7월에 꽃피는 두해살이풀이에요.

꽃대가 돌돌 말려 나오기 때문에 꽃마리라는 이름이 붙었어요. '꽃말이'었던 것이 변한 이름이죠. 달팽이집 같기도 하고 오징어 다리가 말린 것 같기도 한 모양이에요. 눈에 잘 보이지 않을 정도로 아주 작은 꽃이라 처음 발견하면 그 앙증맞은 모습에 감탄하게 되는 친구예요.

 이렇게 쓰여요

이른 봄에 뿌리잎을 캐서 나물로 먹기도 하지만 꽃마리는 대개 가축 먹이로 쓰여요. 심지 않아도 밭과 들에 저절로 잘 자라기 때문에 꽃마리는 봄날에 작은 꽃을 구경할 수 있게 해주는 귀여운 친구죠.

첫째 마당

이렇게 생겼어요

줄기는 밑에서 많이 갈라져요. 달걀이나 주걱처럼 생긴 잎이 달리는데, 동그란 방석을 깔고 앉은 모양으로 퍼져 자라요. 꽃은 가운데가 노란색인, 연한 청보라색으로 피는데, 지름이 겨우 2~3밀리미터밖에 되지 않기 때문에 모르고 지나치기 쉬워요. 열매는 네 갈래로 갈라져요.

꽃마리 꽃은 보일락말락 2~3mm 크기에요

재미있는 이야기

밥주걱 모양의 잎이 방석처럼 펼쳐 자라요

어느 해 봄이었어요. 긴 밥주걱 모양으로 생긴 잎을 방석처럼 펼쳐 자라는 풀을 삼촌이 화단에서 발견하고는 재미있게 생겼다 싶어 그 앞을 자주 지나다녔어요. 꽃이 피기 전에 얼른 이름을 알아내려고 했지만 쉽지 않았어요. 일이 바빠서 그 친구를 잊어버릴 즈음에 달팽이집처럼 돌돌 말린 모양으로 나오는 꽃차례를 발견하고는 꽃마리라는 사실을 알게 되었어요. 꽃마리는 이미 삼촌이 공부해서 알고 있었던 친구였는데 그렇게 잎만 따로 보니까 통 몰라봤던 거죠. 그러니 꽃마리가 얼마나 서운해했을까요? 그 후로 우리는 잎 모양만 봐도 아는 정말 친한 친구가 되었어요.

비슷한 풀꽃 친구

꽃마리와 꽃 모양은 비슷하게 생겼지만, 꽃의 지름이 7~10밀리미터 정도로 훨씬 큰 친구를 '참꽃마리'라고 해요. 꽃마리보다 잎도 큰 참꽃마리는 줄기가 점점 길게 자라서 땅 위로 눕는 특징이 있어요. 꽃마리의 큰형쯤 된다고나 할까요?

줄기가 점점 덩굴져 자라는 참꽃마리

참꽃마리는 꽃마리보다 큰꽃을 피워요

들에서 피는 국화에요
쑥부쟁이 | 국화과

오늘 공부하는 풀꽃은요~

● 학명 : *Aster indicus* 7~10월에 꽃피는 여러해살이풀이에요.

쇠를 만드는 대장장이는 불을 다루기 때문에 '불장이' 또는 '불쟁이'라고 해요. 쑥부쟁이라는 이름은 쑥을 캐러 다니는 대장장이의 딸을 '쑥+불쟁이'라고 불렀던 이야기에서 유래한다고 해요. '쑥+불쟁이'에서 '불'의 'ㄹ' 발음이 사라져서 쑥부쟁이가 된 거예요.

 이렇게 쓰여요

어린 순은 나물로 먹고, 감기나 기관지염 등에 쓰기도 하지만 쑥부쟁이는 일단 꽃을 보기에 좋은 친구예요. 약으로는 구절초를 많이 쓰곤 해요.

산과 들의 풀꽃 친구

이렇게 생겼어요

줄기는 곧게 서서 자라요. 기다란 침 모양의 잎은 마주나고 가장자리에 굵은 톱니가 나는 특징이 있어요. 연한 보라색 꽃이 피는데, 꽃잎처럼 보이는 것이 실은 모두 하나의 꽃이에요. 혀처럼 생겼다 하여 혀꽃, 또는 혀 모양꽃이라고 하죠. 꽃송이 가운데에 노란색으로 보이는 것 역시 하나의 꽃이에요. 그건 통이나 대롱 모양으로 생겼다 하여 통꽃, 또는 대롱꽃이라고 불러요. 짧은 털이 달리는 열매를 맺어요.

재미있는 이야기

옛날 어느 마을에 대장장이(불쟁이)의 큰딸이 살았어요. 병든 어머니와 굶주린 동생들을 위해 쑥을 캐러 다녔기에 사람들은 그녀를 쑥부쟁이라고 불렀어요. 어느 날, 쑥부쟁이는 상처를 입고 쫓기는 노루를 살려주었어요. 그리고 함정에 빠진 사냥꾼 청년을 구해주기도 했는데, 그것이 인연이 되어 쑥부쟁이는 사냥꾼 청년과 결혼까지 약속했어요. 하지만 다음 해 가을에 돌아오겠다고 한 청년은 오지 않았어요. 그리움에 지쳐가던 쑥부쟁이는 안타까운 마음에 산신령께 치성을 드렸어요. 그러자 자신이 목숨을 구해주었던 노루가 나타나 보랏빛 주머니에 담긴 노란 구슬 세 개를 주며 이렇게 말했어요. "구슬을 입에 물고 소원을 한 가지씩 말하세요." 쑥부쟁이는 노루가 시키는 대로 구슬을 입에 물고는 어머니의 병을 낫게 해달라고 말했어요. 그러자 어머니의 병이 씻은 듯이 나았어요. 두 번째 소원으로, 사냥꾼 청년을 나타나게 해달라고 말했어요. 눈앞에 나타난 청년은 그러나 이미 결혼하여 가족이 있었어요. 하는 수 없이 세 번째 소원으로, 청년이 가족에게 돌아갈 수 있게 해달라고 말했어요. 세 가지 소원을 모두 다 써버린 쑥부쟁이는 끝내 청년을 잊지 못하다가 절벽에서 발을 헛디뎌 그만 죽고 말았어요. 그 자리에는 어떤 나물이 자라나 아름다운 보랏빛 꽃을 피웠어요. 죽어서도 배고픈 동생들을 위해 나물로 다시 태어났다며 사람들은 그 꽃을 쑥부쟁이라고 불렀어요. 그렇다면 쑥부쟁이는 과연 그 청년을 잊은 걸까요? 아마 아닐 거예요. 해마다 쑥부쟁이는 그 청년이 돌아온다고 약속한 가을이 되면 들녘을 온통 아름다운 보랏빛으로 수놓잖아요.

비슷한 풀꽃 친구

우리가 흔히 들국화라 부르는 친구는 딱히 정해진 게 아니에요. 산과 들에 피어난 친구들 중 국화를 닮았으면 그 모두를 그냥 들국화라는 하나의 이름으로 편히 부르는 거죠. 쑥부쟁이도 그중 하나이고 그 외에 비슷한 친구들도 모두 들국화라고 불러요. 우리가 흔히 마주치게 되는 친구는 쑥부쟁이보다 '개쑥부쟁이'인 경우가 많아요. 잎 가장자리에 나는 톱니가 굵은 편인 쑥부쟁이와 달리 톱니가 무뎌 보이거나 거의 없는 친구라면 개쑥부쟁이가 맞을 거예요.

잎 가장자리 톱니가 무뎌 보이거나
거의 없는 개쑥부쟁이

잎을 만져보면 까실까실한
느낌이 드는 까실쑥부쟁이

'까실쑥부쟁이'라는 친구도 있어요. 이 친구는 잎이 좀 더 크고 거친 편이어서 만져보면 아주 까실까실한 느낌이 들기 때문에 그런 이름이 붙었어요. 꽃의 크기는 오히려 쑥부쟁이보다 작아요. 꽃의 크기와 잎의 모양은 쑥부쟁이를 닮았지만 까실쑥부쟁이처럼 잎이 거친 특징을 가진 친구도 있어요. '개미취'라고 하죠. 키가 1~1.5m 높이로 크게 자라기 때문에 눈에 잘 띄어요. 꽃을 조금 늦게 피우는 '구절초'라는 친구도 쑥부쟁이와 많이 닮은 편이에요. 처음에는 붉은빛이 돌다가 흰색으로 변하는 꽃을 피우기 때문에 어렵지 않게 구별할 수 있어요.

쑥부쟁이를 닮았지만 잎이 거칠고
꽃색이 진하며 키가 큰 개미취

음력 9월이 되면 꽃을 피우기
시작하는 구절초

그런가 하면 노란 꽃을 피우는 친구 중에도 들국화라 불리는 친구가 있어요. '산국'과 '감국'이 그 주인공이에요. 산국은 감국보다 작은 꽃을 피우고 진한 향기가 나기 때문에 차로 끓여 마시면 좋아요. 산국보다 큰 꽃을 피우고 향기가 약한 감국은 꽃을 보기에 좋은 친구죠.

왼쪽 작은 꽃이 산국, 오른쪽 큰 꽃이 감국

왼쪽 산국의 잎(앞뒤), 오른쪽 감국의 잎(앞뒤)

꽃봉오리가 붓을 닮았어요
붓꽃 | 붓꽃과

오늘 공부하는 풀꽃은요~

● 학명 : *Iris sanguinea*   5~6월에 꽃피는 여러해살이풀이에요.

꽃이 피기 전 꽃봉오리의 모습이 옛날 선비들이 쓰던 붓과 닮았다 하여 붓꽃이라고 해요. 영어식 이름은 '아이리스'죠. 혼자보다 여럿이 피어 있는 모습이 훨씬 더 아름다운 친구예요. 붓꽃은 칼 모양을 닮은 잎 때문에 용감한 기사 뜻하게 되었고, 그래서 프랑스의 나라꽃이 되었다고 해요.

이렇게 쓰여요

땅 속의 뿌리줄기를 피부병 등의 약재로 써요. 하지만 붓꽃은 무엇보다도 아름답게 무리지어 피는 꽃을 보기 위해 심는 친구예요.

이렇게 생겼어요

잎은 가늘고 기다란 칼 모양이에요. 붓 모양의 꽃봉오리에서 보라색 꽃잎을 가진 꽃이 피어나는데, 잘 들여다보면 노란색 바탕에 자주색 그물 무늬가 그려져 있어요. 붓꽃의 꽃잎은 언뜻 여섯 장으로 보이지만 바깥쪽의 세 장만이 진짜 꽃잎이에요. 세모진 타원형의 열매는 익으면 끝부분이 벌어지는데, 그 안에 조그마한 밤색 씨들이 많이 들어 있어요. 뿌리에서는 잔뿌리가 많이 내려요.

붓꽃의 열매

재미있는 이야기

이탈리아의 한 마을에 '아이리스'라는 여인이 남편을 여의고 혼자 살고 있었어요. 너무나 아름다운 여인이었기에 사랑을 고백하는 남자들은 많았지만 여인은 외로움을 달래며 꿋꿋하게 살았어요. 그러던 어느 날, 한 화가가 그 여인에게 반하고 말았어요. 화가가 계속해서 청혼을 하자 여인은 "당신이 살아 있는 것과 똑같은 꽃 그림을 그린다면 당신의 청을 받아들이겠어요."라고 말했어요. 화가는 며칠 밤을 잠을 자지 않고 그림을 그렸어요.

그러고는 그림을 완성시켜 여인에게 보여주었어요. 너무나도 잘 그린 그림에 여인은 내심 놀랐지만 "그 그림은 실제와 같지 않아요. 꽃이라면 향기가 있어야 하잖아요."라며 억지스런 말을 건넸어요. 처음부터 그의 청혼을 받아들일 생각이 아니었던 것이죠. 그런데 바로 그 순간, 한 마리의 나비가 날아와 그 그림에 앉았어요. 그것을 본 화가는 "이래도 실제와 같지 않다고 하실 건가요?"라고 하며 다시 청혼을 하였어요. 여인은 할 수 없이 승낙하였고 둘은 행복하게 잘 살았어요. 여인이 죽은 후에 그 그림이 함께 묻히게 되었는데, 그 무덤에서 피어난 꽃이 바로 붓꽃이었고, 여인의 이름을 따서 '아이리스'라고 불렀다고 해요.

비슷한 풀꽃 친구

붓꽃은 대개 습기가 있는 땅에 자라는데, '각시붓꽃'이라는 친구는 산의 풀밭에서 자라요. '각시'라는 말이 정말 잘 어울린다 싶을 정도로 아담하고 예쁜 꽃을 피워요. 꽃을 감싸고 있는 통이 길다는 특징이 있으니 한번 확인해보세요. 붓꽃 친구 중에

작고 귀여운 새색시처럼 피어난 각시붓꽃

서 가장 예쁜 친구를 고르라고 한다면 삼촌은 주저 없이 '타래붓꽃'을 꼽아요. 잎이 실타래처럼 비틀리며 자란다고 해서 그런 이름이 붙었어요. 붓꽃 친구 중 유일하게 연보라색 꽃이 피기 때문에 더욱 예뻐 보이는 것 같아요. 키가 작고 꽃잎이 노란색인 친구는 대개 '금붓꽃'이라고 보면 맞아요. 금붓꽃은 하나의 꽃대에 한 송이씩의 꽃이 달리는 특징이 있어요.

잎이 실타래처럼 뒤틀리며 자라는 타래붓꽃

금붓꽃은 하나의 꽃대에 한 송이씩의 꽃이 달리는 특징을 가졌어요

제비가 돌아올 때 피어요
제비꽃 | 제비꽃과

오늘 공부하는 풀꽃은요~

● 학명 : *Viola mandshurica* 4~5월에 꽃피는 여러해살이풀이에요.

제비는 중국의 강남에서 겨울을 나고 봄이면 우리나라로 돌아오는 철새예요. 제비꽃은 강남 갔던 제비가 돌아오는 때쯤 피는 꽃이라고 해서 붙은 이름이에요. 두 개의 제비꽃을 합치면 씨름하는 모양이 되는 데다가 실제로 꽃과 꽃을 엇갈리게 걸어서 끊는 놀이를 했기 때문에 '씨름꽃'

 이렇게 쓰여요

제비꽃의 어린잎을 나물로 무쳐 먹거나 국을 끓여 먹기도 하고 튀겨 먹기도 해요. 잎과 뿌리를 약재로 쓰는데, 피부병이나 종기를 치료해주고 열이 날 때 열을 내려주며, 뱀에 물렸을 때에도 찧어 붙이면 독을 풀어주는 효과가 있다고 해요.

이라는 이름으로도 불려요. 반지처럼 만들어 손가락에 끼우고 다녔기 때문에 '반지꽃'이라고도 하고, 꽃 뒤에 달린 꿀주머니가 오랑캐의 뒷머리를 닮아서 '오랑캐꽃'이라는 이름으로 불리기도 해요. 그밖에도 제비꽃은 여러 가지 별명을 가진 친구예요.

이렇게 생겼어요

잎은 대개 세모지게 달리는데 기다란 주걱처럼 보여요. 잎자루 위쪽에 날개가 달렸다는 특징이 있으니 잘 기억해 두세요. 대개 다섯 장의 자주색 꽃잎을 가진 꽃이 피는데, 맨 아래쪽의 꽃잎 안쪽을 잘 들여다보면 흰색 바탕에 자주색 줄무늬가 있

제비꽃 열매는 익으면 세 갈래로 갈라져요

어요. 열매는 익으면 세 갈래로 갈라져요. 여러해살이풀답게 제법 길고 굵은 갈색의 뿌리를 가졌어요.

재미있는 이야기

후손을 만드는 방법에 있어 제비꽃은 아주 다양한 재주를 가진 친구예요.

제비꽃은 봄이 되면 꽃을 피우고 곤충을 불러들여 수정하는 방식으로 씨앗을 만들어요. 대개의 풀꽃들이 하는 방법인 거죠. 그런데 봄이 지나 여름이 되면 큰 나무들 때문에 그늘이 져서 곤충을 불러들일 만한 환경이 되지 못해요. 그러면 제비꽃은 꽃을 열지 않은 상태에서 자기 스스로 꽃가루받이를 해서 씨앗을 만들어내요. 그뿐 아니라 제비꽃은 땅 속으로 줄기를 뻗어 새로운 제비꽃을 만들어내기도 한대요. 이렇게 여러 가지 방법으로 후손을 만들기 때문에 우리의 봄 언덕은 늘 제비꽃 차지인가 봐요.

비슷한 풀꽃 친구

친구가 많기로 따지면 제비꽃만한 친구도 없지 않을까 싶어요. 잎과 꽃이 제비꽃과 거의 닮았지만 보라색 꽃이 아니라 흰색 꽃을 피우는 친구를 '흰제비꽃'이라고 해요. 조금 높은 산에 올라가면 꽃이 노란색을 띠는 '노랑제비꽃'과도 만날 수 있어요.

흰색 꽃을 피우는 흰제비꽃

높은 산에서 볼 수 있는 노랑제비꽃

흰색 꽃이 피는 친구 중에서 꽃대가 갈색을 띠고 잎이 여러 갈래로 잘게 갈라지는 친구는 '남산제비꽃'이라고 해요. 남산에서 처음 발견했다 하여 붙은 이름이지만 남산뿐 아니라 어디에서건 흔히 볼 수 있어요. 제비꽃 미인대회를 연다면 아마도 '알록제비꽃'이 일등을 하지 않을까 싶어요. 보라색 꽃도 앙증맞고 예쁘지만 잎맥을 따라서 난 알록달록한 흰색 줄무늬가 꽃보다 더 예뻐요.

(위) 잎이 잘게 갈라지는 남산제비꽃
(아래) 알록달록 흰색 줄무늬의 알록제비꽃

키로 따지면 제비꽃 사이에서 거의 농구선수로 통하는 '졸방제비꽃'이 있어요. 무릎 높이까지 오는 커다란 키에 흰색 꽃을 피우기도 하고 연보라색 꽃을 피우기도 해요. NBA 농구선수는 아니더라도 미국에서 들어온 것으로 보이는 '미국제비꽃'도 있어요. 잎의 모양이 간장이나 고추장을 담는 작은 그릇인 '종지'를 닮았다 하여 '종지나물'이라는 이름으로 더 자주 불려요. 주로 꽃을 보기 위해 심는 친구예요.

무릎 높이까지 자라는 졸방제비꽃

종지 모양의 잎을 가진 종지나물

삼촌에게 질문하기

꽃가루받이와 수정은 다른 건가요?

예, 조금 달라요. 꽃가루받이는 수술의 꽃밥에 든 꽃가루가 암술머리로 옮겨지는 것을 말해요. 수정은 꽃가루받이가 일어난 뒤에 수꽃의 꽃가루가 암꽃의 씨방 속에 든 밑씨와 만나, 하나로 합쳐지는 것을 말해요. 꽃가루받이가 일어나야 수정이 이루어지고, 수정이 이루어져야 열매를 맺는 거예요.

독이 있어도 예뻐요

얼레지 | 백합과

오늘 공부하는 풀꽃은요~

- 학명 : *Erythronium japonicum*   4~5월에 꽃피는 여러해살이풀이에요.

잎에 어루러기 같은 얼룩덜룩한 반점이 나 있어서 얼레지라는 이름이 붙었어요. 잎만 그런 게 아니라 꽃잎 안쪽에도 특이한 무늬가 있어요. '가재무릇'이라는 별명을 갖고 있는 친구예요.

이렇게 쓰여요

얼레지는 독성이 있어 두어 번 물에 우려내서 나물로 먹기도 해요. 산채비빔밥의 재료나 국을 끓이면 미역국 맛이 난다고 해요. 땅 속 비늘줄기에서 녹말을 뽑아 쓰기도 하고, 토하거나 불에 데었을 때 쓰는 약으로도 이용한다고 해요.

산과 들의 풀꽃 친구

이렇게 생겼어요

가느다란 뿌리줄기가 20센티미터 정도로 길고 그 밑에 비늘줄기라고 하는 게 달려요. 백합과 친구들이 가진 특징 중 하나죠. 잎은 보통 두 장이고, 앞면에 자주색 얼룩무늬가 있지만 간혹 없는 친구도 있어요. 여섯 장의 꽃잎을 가진 보라색 꽃이 새색시처럼 수줍게 고개를 숙인 채 피는데, 꽃잎은 발랄하게 뒤로 활짝 젖혀져요. 안쪽을 들여다보면 W자 모양의 무늬가 있죠. 늦봄에 열매를 맺고 나면 잎과 꽃대가 흔적도 없이 사라져버린답니다.

(위) 얼룩덜룩한 반점이 있는 잎
(아래) 꽃잎을 뒤로 활짝 젖힌 꽃

재미있는 이야기

삼촌이 읽은 책에 얼레지에 대한 재미있는 이야기가 있어요. 나물을 좋아하는 그 책의 작가가 얼레지의 잎을 따서 곧바로 끓는 물에 데쳐 여러 사람과 나눠먹어 봤는데 맛이 참 좋더래요. 그런데 차를 타고 돌아오다가 한 사람이 차를 세워달라고 하더니 주유소 화장실로 냅다 뛰더래요. 그 사람뿐 아니라 얼레지를 나눠먹은 사람들 모두가 다 화장실로 뛰어갔대요. 신나게 설사를 한 사람들은 껄껄 웃으면서 차로 돌아왔는데, 길을 더 가다가 또다시 차를 세워야 했대요. 그러고도 몇 번은 더 주유소 화장실에 들러 볼일을 봤다고 해요. 얼레지는 사실 독을 가진 친구거든요. 설사만 했기에 망정이지 큰일 날 뻔한 거죠. 그러니 잘 모르는 식물은 절대 함부로 먹어서는 안 돼요.

비슷한 풀꽃 친구

얼레지는 독을 지닌 친구라 그런지 더욱 예뻐 보여요. 톡톡 쏘는 성격을 가진 친구가 어쩐지 더 매력 있어 보이듯이 말이에요. 독성을 가졌으면서 얼레지처럼 독특하고 예쁜 꽃을 피우는 친구들이 더 있어요. 밭이나 길가에서 흔히 볼 수 있는 '반하'라는 친구부터 소개할게요. 반하는 기다란 녹색의 꽃덮개 안에 둥근 막대 모양의 꽃이삭이 들어 있어요. 땅속을 파보면 독성분을 가진 덩이줄기가 딸려 나와요. 세 갈래로 갈라지는 잎만 봐도 반하인 줄 금세 알 수 있답니다.

반하와 친척뻘 되는 친구로 '천남성'이 있어요. 가을이면 옥수수 모양의

긴 꽃대를 밀어 올리는 반하

세 갈래로 갈라지는 반하의 잎

새빨간 열매를 맺어요. 천남성은 덩이줄기의 독성이 아주 강하기로 유명하고, 비슷한 친구를 많이 가진 친구이기도 해요.

 습기 많은 골짜기 응달에 언 땅을 뚫고 나와 잎보다 먼저 꽃을 피우는 '앉은부채'라는 친구도 있어요. '앉은 부처님'이라는 말에서 유래한 이름이래요. 꽃이라고는 전혀

(위) 천남성 (아래) 빨간 옥수수 같은 천남성 열매

상상이 가지 않는 얼룩덜룩한 꽃을 땅 위에 올려 보내 피워요. 말하지 않아도 독을 가진 친구처럼 보이죠. 이름에 '나물'이라는 말이 들어가지만 독이 있어서 먹어서는 안 되는 친구도 있어요. '**동의나물**'이 그 중 하나죠. 습기 있는 냇가에 노란 꽃을 피우고 물동이처럼 둥근 모양의 잎을 가진 친구가 있다면 그냥 꽃만 감상하도록 해요.

땅 위에 올라앉아 꽃을 피우는 앉은부채

배춧잎처럼 생긴 앉은부채의 잎

절대 먹어서는 안 되는 동의나물

동그랗게 물동이처럼 생긴 동의나물의 잎

나팔꽃과는 조금 달라요
메꽃 | 메꽃과

> 오늘 공부하는 풀꽃은요~

● 학명 : *Calystegia pubescens* 6~8월에 꽃피는 여러해살이풀이에요.

나팔꽃과 비슷하게 생겼지만 분명히 달라요. 메꽃의 흰색의 뿌리줄기를 '메'라고 하는데, 밥 지을 때 솥에 넣고 쪄서 먹었다고 해요. 배추 꼬리나 고구마 비슷한 맛이 나요. 나팔 모양의 꽃이 피기는 하지만 잎의 모양을 잘 보면 나팔꽃과 다르다는 사실을 알 수 있을 거예요.

 이렇게 쓰여요

봄에 메꽃의 어린순을 나물로 먹고 땅속의 뿌리줄기를 쪄서 먹어요. 그러나 설사를 일으킬 수도 있으므로 주의해야 한다고 해요. 감기 등의 약재로 쓰이기도 하고 얼굴의 기미를 없애는 데 메꽃의 꽃을 쓰기도 한대요.

이렇게 생겼어요

줄기는 덩굴지며 다른 물체를 감고 올라가요. 화살촉 모양으로 생긴 잎이 어긋나게 달린다는 점이 나팔꽃과 달라요. 나팔 모양의 분홍색 꽃이 피었다가 하루 만에 시들어버리는 것은 나팔꽃과 같아요. 열매는 잘 맺지 않는 편이고 주로 땅 속의 줄기로 번식해요.

배추 꼬리나 고구마 맛이 나는 메꽃 뿌리줄기

재미있는 이야기

옛날 어느 장군 밑에 연락병의 임무를 맡은 충직한 병사 한 명이 있었어요. 그는 앞서 간 부대와 장군의 부대를 연결해주는 임무를 맡고 있었기 때문에 항상 창과 나팔을 함께 가지고 다녔어요. 어느 날, 길목을 지키던 이 병사는 장군의 부대가 도착하기 직전에 적군이 쏜 화살에 맞아 죽고 말았어요. 적군은 이 병사가 만들어놓은 표지판을 반대 방향인 오른쪽으로 돌려놓았어요. 이 사실을 모른 채 갈림길에 도착한 장군은 표지판만 있을 뿐 병사가 보이지 않는다는 사실을 이상하게 생각했어요. 주변을 살펴보니 한 곳에 붉은 핏자국이 보였어요. 게다가 지금까지 보지 못했던 나팔 모양의 꽃이 창 모양의 잎을 달고서 줄기를 왼쪽으로 틀고 있었어요. 장군은 그 꽃이 죽은 병사의 나팔과 창일 거라고 생각하고 그 꽃의 잎과 줄기가 가리키는 방향으로 행군할 것을 명령했어요. 그 충성스러운 꽃이 바로 메꽃이라고 해요.

비슷한 풀꽃 친구

메꽃과 가장 비슷한 친구로 '애기메꽃'이 있어요. 이 둘은 구별하기가 쉽지 않아요. 메꽃은 꽃을 싸고 있는 잎과 줄기에 달린 잎의 끝이 둔한 반면에 애기메꽃은 꽃을 싸고 있는 잎과 줄기에 달린 잎의 끝이 뾰족해요. 그리고 메꽃은 잎 아래쪽의 날개 부분이 밑으로 처지는 반면에 애기메꽃은 잎 아래쪽의 날개 부분이 옆으로 뻗어 있다는 것으로도 구별해요. 하지만 잎의 모양이 워낙 다양해서 구별이 쉽지 않은 경우가 많아요.

꽃을 싸고 있는 잎줄기의 잎 끝이 둔한 메꽃

꽃을 싸고 있는 잎줄기 잎 끝이 뾰족한 애기메꽃

바닷가에 살고 윤기 나는 하트 모양의 잎을 가진 갯메꽃

하트 모양의 잎이 세 갈래로 갈라지는 나팔꽃

메꽃과 닮은 꽃이 혹시 바닷가에 피어났다면 '갯메꽃'인지 유심히 살펴보세요. 하트 모양의 윤기가 나는 잎을 가졌다면 갯메꽃이 맞을 거예요. 꽃만 봤을 때 메꽃과 가장 닮은 친구는 뭐니뭐니해도 '나팔꽃'

작은 주황색 꽃이 아름다운 둥근잎유홍초

일 거예요. 기본적으로 나팔꽃은 잎이 하트 모양이면서 세 갈래로 얕게 갈라지는 친구를 말해요. 그 외에도 여러 가지 나팔꽃 친구가 있고요. 혹시 둥근 잎을 가졌으면서 나팔 모양의 작은 주황색 꽃을 피우는 친구를 길가에서 발견한다면 '둥근잎유홍초'라는 친구가 맞을 거예요. 둥근 잎이라고는 하지만 가장자리에 여러 개의 모가 나 있기도 한, 재미난 친구죠. 기본적으로

갯메꽃, 나팔꽃, 둥근잎유홍초는 몸 안에 독성분을 가진 친구예요.

 삼촌에게 질문하기

이름에 '애기'가 들어가요

애기는 대개 크기가 작고 귀여운 친구를 가리켜 앞에다 붙이는 말이에요. 그러니까 어리거나 덜 자랐다는 뜻이 아니라 애기처럼 작고 귀엽게 생긴 풀꽃친구를 나타낼 때 넣는 말이에요. 가령 애기범부채, 애기괭이눈, 애기나리 등이 그것이에요.

앉은 채로 피어요
민들레 | 국화과

오늘 공부하는 풀꽃은요~

- 학명 : *Taraxacum mongolicum* 4~5월에 꽃피는 여러해살이풀이에요.

민들레는 사립문 둘레에 흔히 피었다고 해서 '문둘레' 또는 문들레'라고 하던 것이 변한 이름이래요. 땅바닥에 앉은 채로 꽃을 피우기 때문에 '안질방이'라는 별명도 있어요. 그밖에도 시골에 가면 여러 가지 이름으로 불려요.

 이렇게 쓰여요

줄기와 잎을 찧어 화상에 붙이면 열을 내리는 효과가 있어요. 어린잎을 나물로 무쳐 먹기도 하고, 튀겨 먹기도 해요. 뿌리를 잘 말려 차로 끓여 마시면 커피 향이 난대요. 카페인 없는 커피가 만들어지는 거죠. 삼촌이 한번 만들어봤는데, 설탕을 넣지 않아 그런지 맛이 몹시 쓰던걸요.

산과 들의 풀꽃 친구

이렇게 생겼어요

키 작은 풀꽃들이 대개 그러하듯 민들레도 줄기 없이 뿌리에서 잎이 바로 올라와요. 깃털 모양으로 갈라진 잎이 여러 장 방석처럼 뭉쳐서 나죠. 잎을 자르면 우유 같은 흰 액이 나오는데, 맛이 몹시 써요. 꽃은 연한 노란색으로 피고요. 우리가 꽃잎이라고 생각하는 것은 사실 하나하나가 각각 한 개씩의 꽃이에요. 그 속에 암술과 수술이 다 들어 있어요. 그러니 한 개의 꽃대에 수십 개의 꽃이 모여서 피는 거예요. 꽃이 지고 나면 긴 꽃대 끝에 공처럼 생긴 솜털 열매가 달리는데, 가벼워서 바람을 타고 멀리 날아가요. 크게 자란 친구들은 땅 속에 주먹처럼 큰 뿌리가 있답니다.

훅 불면 날아가는 민들레의 열매

재미있는 이야기

옛날 노아의 홍수 때였어요. 민들레만은 발이 빠지지 않아 도망가지 못하고 있었어요. 그때 하느님께서 민들레의 씨앗을 바람에 날려 산 중턱 양지바른 곳까지 옮겨 주어 꽃을 피울 수 있게 해주셨어요. 그래서 민들레는 하느님의 은혜에 감사하며 오늘날까지도 얼굴을 들어 하늘을 우러러보며 살게 되었다고 해요.

비슷한 풀꽃 친구

민들레는 대개 봄에만 피고 여름이면 사라져요. 봄이 아닌 계절에 피는 친구들은 대개 '서양민들레'라고 보면 맞아요. 우리나라에 저절로 자라는 민들레에 비해 서양민들레는 다른 나라에서 들어온 친구예요. 이 친구들은 거의 겨울까지도 꽃을 피워 씨를 날리기 때문에 금방 퍼져요. 그렇게 해서 우리 민들레가 살아갈 자리까지 빼앗는 바람에 지금은 우리 민들레를 보기가 어려워졌어요. 그러나 눈을 크게 뜨고 잘 찾아보면 심심찮게 민들레의 환한 얼굴을 만나볼 수 있으니 봄 들녘에 나가 꼭 한번 찾아보세요.

꽃을 싸고 있는 조각을 어려운 말로 '총포조각'이라고 하는데 그것이 뒤로 젖혀져 있으면 서양민들레, 그렇지 않으면 민들레로 구별해요. 둘을 구별하는 가장 손쉬운 방법이죠. 자주 비교하다 보면 민들레는 꽃이 연한 노란색이고 서양민들레는 좀더 진한 노란색이라는 사실도 알 수 있을 거예요.

(왼쪽) 총포조각이 꽃을 감싸고 있는 토종 민들레
(오른쪽) 총포조각이 뒤로 젖혀져 있는 서양민들레

(왼쪽) 우리 민들레는 꽃 색이 조금 연해요
(오른쪽) 서양민들레는 꽃 색이 조금 진한 노란색이에요

민들레 중에는 흰색 꽃이 피는 친구도 있어요. '흰민들레'라고 하죠. 그렇다면 흰민들레는 원래부터 우리의 민들레일까요, 아니면 서양민들레처럼 다른 나라에서 들어온 민들레일까요? 꽃을 싸고 있는 조각을 직접 확인해

보면 뒤로 젖혀져 있지 않다는 사실을 알 수 있을 거예요. 그러니 흰민들레도 우리의 민들레라고 할 수 있는 친구인 거죠.

흰민들레도 총포조각이 꽃을 감싸고 있어서(가운데, 왼쪽)
총포조각이 뒤로 젖혀진(오른쪽) 서양민들레와 구별할 수 있어요

 삼촌에게 질문하기

우리 민들레는 봄에만 피고 가을에는 안 피나요?

꼭 그렇지만은 않아요. 원래 봄에만 피는 우리 민들레도 서양민들레처럼 가을쯤에 가끔 한두 송이씩 피어나기도 해요. 하지만 그것은 따뜻한 날씨에 계절을 착각한 친구들이 한 번 더 얼굴을 내미는 거에요.

잎에서 향기가 나요
박하 | 꿀풀과

오늘 공부하는 풀꽃은요~

● 학명 : *Mentha arvensis* var. *piperascens*   7~10월에 꽃피는 여러해살이풀이에요.

그리스어 'bacaim'에서 박하(薄荷)라는 한자 이름이 생겨났다고 해요. 야식향, 번하채, 인단초 등의 다른 이름으로도 불려요. 그리스 신화에서 유래한 '민트(mint)'라는 영어 이름으로도 잘 알려져 있는 친구예요.

 이렇게 쓰여요

어린순은 나물로 먹고 약재로도 써요. 잎에서 짠 기름을 치약이나 화장품의 재료로 쓰고 머리 아플 때나 입속 염증에 쓰기도 한대요.
동의보감에 몸속 나쁜 기운을 없애고 피로를 풀어주며 머리와 눈을 맑게 하고 소화를 돕는다니 향도 좋은 박하는 여러모로 쓸모가 많아요.

이렇게 생겼어요

네모진 줄기에 털이 나 있어요. 마주나는 긴 타원형의 잎은 가장자리에 톱니가 있는데, 잎 표면의 기름샘에서 특유의 향이 나는 기름을 분비해요. 입에 넣고 씹어보면 입 안은 물론이고 기분까지 향긋해져요. 연보라색 또는 흰색 꽃이 마디에 층층이 피어요. 몸 전체에서 향기가 나는데, 꽃에서 나는 향기가 삼촌의 코에서는 된장 구린내 비슷한 냄새로 느껴져요.

몸 전체에서 향기가 나는 박하

재미있는 이야기

그리스 신화에 이런 이야기가 나와요. 지옥을 다스리는 신 하데스는 최고의 신 제우스의 딸인 페르세포네를 왕비로 맞아 살고 있었어요. 페르세포네는 미모가 뛰어났지만 성질은 몹시 급하고 사나웠어요. 그런데 하데스는 아름다운 민테라는 처녀와 몰래 사랑을 하고 있었어요. 그 사실을 안 페르세포네는 민테를 없애버리려고 그녀의 방으로 찾아갔어요. 그런 사실도 모른 채 민테와 사랑을 나누고 있던 하데스는 페르세포네가 들이닥치자 다급해진 나머지 민테를 향기는 좋으나 볼품없는 꽃을 가진 풀로 만들었어요.

그 후 사람들은 민테의 이름을 따서 그 풀을 민트라고 부르게 되었는데, 그게 바로 박하였다고 해요.

비슷한 풀꽃 친구

박하와 이름이 비슷한 '산박하'라는 친구가 있어요. 박하의 잎에서 강한 향기가 나는 것과 달리 산박하는 향기가 거의 나지 않아요. 박하에 뒤지지 않을 만큼 잎에서 강한 향기가

향이 거의 없는 산박하

강한 향기가 나는 배초향

나는 친구로 '배초향'을 들 수 있어요. '거친 것을 물리치는 향기'라는 뜻의 이름인데, 아무리 강한 향기라 해도 배초향이 물리치기 때문에 그런 이름이 붙었지 않나 싶어요. 실제로 배초향은 생선 비린내를 없애준다 하여 매운탕에 넣어 먹곤 해요.

잎이 배초향과 비슷하게 생겼지만 꽃이 한쪽 방향만을 보고 피는 친구가 있어요. '향유'라고 하죠. 배초향만큼은 아니지만 잎에서 향기가 나요. 향유처럼 한쪽 방향만을 보고 피지만 꽃이 훨씬 더 크고 화려한 친구는 '꽃향유'

라고 해요. 향유보다 좀더 진한 향기를 풍겨요. 혹시 잎에서 딸기향이 나는 친구를 알고 있나요?

꽃이 한쪽 방향만을 보고 피는 향유

향유보다 꽃차례가 더 큰 꽃향유

봄에 돋는 '짚신나물'이라는 친구의 어린잎을 비벼보면 정말로 딸기향이 나요. 잎과 줄기에서 오이향이 나서 '오이풀'이라고 하는 친구도 있어요. 오이풀은 꽃 모양도 특이해요. 풀꽃 친구 중에는 이렇게 자기들만의 향기를 내는 친구들이 여럿 있답니다. 자기만의 향기를 낼 줄 안다는 것, 정말 멋진 일이라고 생각해요. 여러분들한테는 어떤 향기가 나나요?

잎을 비비면 딸기향이 나는 짚신나물

잎과 줄기에서 오이향이 나는 오이풀

 삼촌에게 질문하기

박하도 허브 식물인가요?

허브 식물이란 생활에 이용할 수 있는 향기 있는 식물을 말해요. 그러므로 박하도 허브 식물이라고 할 수 있어요. 우리가 일일이 관심을 두지 않아서 그렇지 알고 보면 우리 주변에는 허브 식물이라고 부를 수 있는 친구들이 많아요.

언 땅을 뚫고 나와요
복수초 | 미나리아재비과

오늘 공부하는 풀꽃은요~

- 학명 : *Adonis amurensis* 3~4월에 꽃피는 여러해살이풀이에요.

행복(福)과 장수(壽)를 뜻한다고 해서 복수초라고 불러요. 일본 이름에서 유래된 말인 데다가 말의 느낌이 좋지 않기 때문에 '수복초'라고 부르자는 사람들도 있어요. 북한에서는 '복풀'이라고 한대요. 눈을 뚫고 나와 꽃이 피면 근처의 눈이 녹아 동그란 구멍이 생긴다고 해서

이렇게 쓰여요

일본에서는 새해에 행복과 장수를 기원하는 선물로 복수초를 주고받는다고 해요. 독성이 있어서 벌레나 짐승들도 잘 먹지 않고 보통 뿌리를 약재로 쓰며 산에서 저절로 자라요.

'눈색이꽃' 또는 '얼음새꽃'이라는 예쁜 이름으로도 불러요.

이렇게 생겼어요

줄기에 어긋나는 잎은 새의 깃 모양으로 서너 번 갈라져요. 이른 봄에 여러 장의 꽃잎으로 된 노란색 꽃이 피어요. 한낮에만 꽃잎이 벌어지고 밤이면 오므라들어서 아침에는 미처 발견하지 못하고 지나치기 쉽죠. 별사탕 모양의 열매가 맺혀요.

별사탕 모양의 복수초 열매

재미있는 이야기

복수초는 깊은 산골짜기에서 그 어떤 꽃보다도 일찍 꽃을 피워요. 땅이 채 녹기도 전에 얼어붙은 땅을 부지런히 뚫고 올라와서 노란 꽃을 피워내는 모습이 정말 신기해요. 사람이 파려고 해도 잘 파지지 않는 그

이른 봄 눈 속에 꽃을 피워 올린 복수초

딱딱한 땅을 어떻게 뚫고 올라왔을까요?

어떤 달력을 보면 복수초가 하얀 눈 속에서 노란 꽃을 피운 사진을 볼 수 있는데, 그건 실제로 복수초가 눈 속에서 핀 게 아니라 이미 꽃을 피운 상태에서 눈이 내린 것을 찍었을 것이라고 해요. 겨울이라고 방안에만 웅크리고 있지 말고 우리도 복수초처럼 미리미리 봄을 준비하는 건 어떨까요?

비슷한 풀꽃 친구

복수초와 닮지는 않았지만 복수초와 관계 깊은 이름을 가진 친구가 하나 있어요. '연복초'라고 하는 친구예요. 복수초를 캘 때 함께 딸려 나오는 친구라고 해서 붙은 이름이에요. 실제로 항상 같이 붙어사는 건 아니지만 복수초가 있었기에 가질 수 있는 이름인 거죠. 4~5월에 작은 황록색 꽃이 피는데, 너무 작아서 꽃인 줄도 모르고 그냥 지나치기 쉬운 친구죠.

복수초를 찾다보면 발견하는 연복초

슬픈 전설로 피어요
할미꽃 | 미나리아재비과

오늘 공부하는 풀꽃은요~

● 학명 : *Pulsatilla koreana* 4~5월에 꽃피는 여러해살이풀이에요.

흰 깃털로 덮인 열매의 모양이 할머니의 하얗게 센 머리를 닮았다 하여 할미꽃이라고 해요. 한자 이름으로는 '백두옹(白頭翁)'이라고 하고요. 꽃대가 구부러진 모양이 할머니의 구부러진 허리와 닮았기 때문에 할미꽃이 되었다고 하는 사람도 있어요. 어쨌든 그래서 할미꽃에는 '늙어서

 이렇게 쓰여요

미나리아재비과 친구들이 대개 그러하듯 할미꽃은 뿌리에 독성분이 있어요. 그 독성분으로 설사를 멎게 하거나 신경통을 치료하기도 한대요. 옛날 농가에서는 할미꽃 뿌리를 변기에 집어넣어 여름철에 벌레가 생기는 것을 막았다고 해요.

도 할미꽃 젊어서도 할미꽃'이라는 노랫말이 전해지죠.

이렇게 생겼어요

다섯 개 정도로 이루어진 잎은 새의 깃 모양으로 잘게 갈라지는데, 꽃이 지고 나면 크게 자라기도 해요. 봄에 붉은색의 아름다운 꽃이 종 모양으로 고개를 숙인 채 피어요. 열매에는 긴 털이 달려 있어서 멀리 잘 날아가요. 할머니의 머리처럼 보이는 긴 털이 실은 암술대예요. 여러해살이풀답게 곧고 굵게 뻗은 뿌리가 땅속 깊이 들어 있어요. 몸 전체에 긴 털이 빽빽이 나요.

(위) 이름과 달리 화려한 꽃을 피우는 할미꽃
(아래) 머리가 점점 하얗게 세어가는 할미꽃 열매

재미있는 이야기

옛날에 어떤 할머니가 두 손녀와 함께 살고 있었어요. 큰손녀는 얼굴만 예쁘지 심보가 못됐고, 작은손녀는 예쁘지 않아도 마음씨가 착했어요. 나이가 들자 얼굴이 예쁜 큰손녀는 부잣집으로 시집갔고 작은손녀는 산 너머 가난한 산지기한테 시집가게 됐어요. 할머니만 혼자 남게 되자 가까이서 사는 큰손녀가 돌본다고 했지만 오래지 않아 큰손녀는 할머니한테 찾아오지 않았어요. 혼자 일을 할 수가 없어 살기 힘들어진 할머니는 시집간 작은손녀가 그리웠어요. 그래서 산 너머 마을로 찾아가기로 했는데, 며칠이나 굶어서 그런지 기운이 없고 힘들었어요. 그러다 결국 할머니는 지쳐 쓰러져 죽고 말았어요. 나중에야 이 사실을 안 작은손녀가 슬피 울다가 할머니를 양지바른 곳에 잘 묻어드렸어요. 이듬해 봄이 되자 할머니의 무덤가에 한 송이 꽃이 피어났는데, 열매가 할머니의 머리처럼 하얗게 세었어요. 그래서 그 꽃을 할미꽃이라고 불렀대요. 실제로 할미꽃은 양지바른 무덤가에 많이 피어요.

비슷한 풀꽃 친구

슬픈 전설을 간직한 풀꽃 친구로는 '**동자꽃**'을 빼놓을 수 없어요. 강원도 산골짜기 작은 암자에 스님과 어린 동자승이 살고 있었어요. 어느 날, 스님은 겨울 양식을 구하러 한나절이나 걸리는 마을로 내려갔어요. 스님이 걸음을 서둘렀으나 산을 내려갈 때 하늘이 흐려지더니 끝내 눈이 내리기 시작했어요. 눈은 하루 종일 내렸고 스님이 양식을 마련해 돌아가려고 했을 때에는 허리도 넘게 쌓여 길을 막았어요. 절에 혼자 남은 동자가 걱정되어 스님은 발을 동동 굴렸지만 눈이 녹기만을 기다리는 수밖에 없었어요. 겨울이 가고 눈이 녹기 시작하자 스님은 서둘러 절로 돌아갔어요. 그러나 동자승은 마당 끝에 나와서 스님이 내려간 마을을 내려다보면서 앉은 자세로 죽어 있었어요. 스님을 기다리다가 얼어 죽은 거였죠. 불쌍하게 죽은 동자승을 그 자리에 잘 묻어주자 무덤가에서 예쁜 풀들이 자랐어요. 그 풀은 동자승의 얼굴처럼 동그랗고 발그레한 꽃을 피웠어요. 이를 본 사람들은 그 꽃을 동자꽃이라고 불렀다고 해요. 그래서 그런지 삼촌은 동자꽃을 보면 배가 고파 입을 벌리고 선 아이 같다는 생각이 들어요. 우리 주위에는 아직도 밥을 굶는 결식아동이 많다는 걸 생각하게 되기도 하고요.

배고프다는 듯 입을 벌리고 서 있는 동자꽃

이름에 '닭'이 들어가요
닭의장풀 | 닭의장풀과

오늘 공부하는 풀꽃은요~

● 학명 : *Commelina communis* 6~10월에 꽃피는 한해살이풀이에요.

닭장 주변에 흔히 자란다고 해서 '닭의장풀'이라고 해요. 닭의 볏을 닮은 꽃을 피운다고 해서 '달개비'라고도 하고요. 그 밖에 '닭의밑씻개'라는 이름으로도 불려요.

 이렇게 쓰여요

불에 데었을 때 닭의장풀 잎으로 즙을 내어 바르면 좋다고 해요. 열을 내리게 하거나 소변을 잘 나오게 하는 약으로도 쓰고요. 옛날에는 비단옷감을 물들이는 데에 닭의장풀의 파랑색 꽃을 사용하기도 했대요.

이렇게 생겼어요

줄기에는 굵은 마디가 있는데, 밑 쪽 마디에서 뿌리가 내려요. 길쭉한 모양의 잎은 밑부분이 줄기를 감싸면서 어긋나게 달려요. 파랑에 가까운 진한 하늘색의 꽃이 피는데, 아침에 피었다가 오후면 시들어버려요.

손가락에 묻혀 본 닭의장풀의 파랑물

잘 보면 세 개의 꽃잎 중 위쪽의 두 장만 진한 하늘색이고 아래쪽의 한 장은 속이 비치는 흰색이에요. 열매는 '포'라고 하는 잎에 차곡차곡 쌓여요. 뿌리는 수염뿌리가 발달해요.

재미있는 이야기

수술처럼 보이지만 꽃가루를 만들지 못 하는 수술을 '헛수술'이라고 해요. 닭의장풀은 여섯 개의 수술을 가지고 있는 것처럼 보이지만 자세히 보면 세 개의 긴 수술대의 꽃밥에만 꽃가루가 들어 있고 나머지 세 개의 짧은 수술대에 달린 리본 모양의 꽃밥은 비어 있다고 해요. 즉, 여섯 개 중 세 개는 가짜인 거죠. 진짜 수술 세 개 중에서도 한 개의 수술에 달린 꽃밥은 가짜 수술의 꽃밥처럼 리본 모양이고요. 닭의장풀이 왜 이런 눈속임을 하는

위쪽의 수술 3개가 꽃밥이 없는 헛수술이에요
아래쪽 수술 3개는 꽃밥이 든 진짜 수술이에요

걸까요? 가짜로 보이는 네 개의 꽃밥 중에서 하나는 진짜인데, 어떤 게 진짜인지 한번 맞춰보라고 곤충들한테 퀴즈를 내는 건 아닐까요?

닭의장풀 꽃에서는 파랑색 물감이 묻어나는 꽃이 두 개씩 달리는 것을 흔히 볼 수 있어요. 잘 관찰해보면 위쪽의 것이 먼저 피어난 형이고 아래쪽의 것이 나중에 피어난 동생이라는 사실을 알 수 있어요. 먼저 피어난 것은 그렇게 뒤로 넘어가면서 열매를 맺어 '포'라고 하는 잎 위에 차곡차곡 쌓여요.

쌍둥이처럼 달린 닭의장풀의 꽃

포 위에 차곡이 쌓인 열매

비슷한 풀꽃 친구

닭의장풀과 비슷하게 생겼으나 덩굴이 져서 다른 친구를 감고 올라가는 친구가 있어요. '덩굴닭의장풀'이라고 하죠. 꽃 모양이 훨씬 독특하고 재미나게 생겼어요.

덩굴져서 올라가는 덩굴닭의장풀

꽃 모양이 독특한 덩굴닭의장풀

이름에 '노루'가 들어가요
노루귀 | 미나리아재비과

오늘 공부하는
풀꽃은요~

● 학명 : *Hepatica asiatica* 3~4월에 꽃피는 여러해살이풀이에요.

길고 흰 솜털로 덮인 새싹이 돋아나는 모습이 노루의 귀처럼 보여서 노루귀라고 해요. 이른 봄에 눈을 헤치고 피어난다는 뜻에서 '**파설초**'라는 이름으로도 불리고요. 노루귀는 꽃과 잎 모두가 다 아름다운 봄 친구예요.

 이렇게 쓰여요

노루귀는 주로 꽃을 보는 친구예요. 뿌리째 캐서 종기를 치료하는 데 쓰고 통증을 멎게 하는 데에 쓰기도 하지만 독을 가진 친구니까 함부로 다뤄서는 안 돼요.

이렇게 생겼어요

꽃이 질 때쯤 뿌리에서 삼각형 모양의 잎이 세 갈래로 갈라져서 나와요. 뒷면이 흰 솜털로 덮여 있어요. 가끔 잎 표면에 얼룩무늬가 나타나기도 해요. 키가 매우 작아서 조심하지 않으면 발로 밟을 수

노루의 귀처럼 솜털 뽀송한 노루귀의 잎

도 있어요. 잎보다 먼저 피는 꽃은 흰색, 분홍색, 청색, 보라색 등 여러 가지 색으로 피는데, 꽃잎으로 보이는 것은 꽃잎이 아니라 꽃받침이에요. 털이 많이 달린 열매가 8월쯤에 맺히죠.

솜털 뽀송한 노루귀의 꽃봉오리

아름다운 청보라색으로 핀 노루귀

재미있는 이야기

옛날 어느 산골에 함평 이씨가 살고 있었어요. 그는 집이 가난해서 나무를 팔아서 겨우 살았어요. 하루는 산에서 나무를 하고 있었는데, 커다란 노루 한 마리가 달려와서는 그가 해놓은 나무더미 속으로 숨었어요. 잠시 후에 포수가 헐레벌떡 뛰어와서는 노루 한 마리가 도망가는 것을 보지 못 했느냐고 물었어요. 함평 이씨는 시치미를 뚝 떼고 모른다고 했어요. 목숨을 건진 노루는 그에게 고맙다는 듯 머리를 끄덕이더니 그의 옷자락을 물고 자꾸 끌어당겼어요. 이상한 일도 있다 싶어서 따라갔어요. 산중턱에 이르러 노루는 한 자리를 앞발로 치다가는 죽은 사람처럼 드러눕는 시늉을 해보였어요. 그 모습을 바라보던 그는 마침내 그 뜻을 짐작했어요. '아, 이 자리가 명당이라는 뜻이로구나!' 그는 그곳에 표시해두었다가 부모님이 돌아가시자 그 자리에 묘를 썼어요. 과연 그 후로 자손들이 번창했고 많은 공신이 나왔다고 해요.

비슷한 풀꽃 친구

우리와 친숙한 동물인 만큼 이름에 '노루'가 들어가는 친구들이 여럿 있어요. 노루가 지나다닐 만한 곳에 주로 핀다 하여 '노루발풀'이라는 이름이

잎도 꽃도 이름도 예쁜 노루발풀

고개를 숙인 채 피는 숙은노루오줌

매화 닮은 꽃을 피우는 매화노루발

연분홍색 꽃을 피우는 노루오줌

붙은 친구가 있어요. 이 친구는 눈 위로 돋아난 새싹의 모습이 노루의 발자국 같다고도 해요. 노루발과 비슷하지만 매화를 닮은 꽃이 핀다 하여 '**매화노루발**'이라고 하는 친구도 있죠. 고개 숙인 채 피기 때문에 그 안을 들여

산과 들의 풀꽃 친구

다보려면 머리가 땅에 닿아야 해요. 뿌리에서 노루의 오줌 같은 냄새가 난다 하여 '노루오줌'이라고 부르는 친구도 있어요. 이 친구는 꽃에서도 약간 지린내가 나요. 노루오줌과 비슷하지만 꽃이 고개를 숙이고 피는 친구는 '숙은노루오줌'이라고 해요.

 삼촌에게 질문하기

미나리아재비과의 '아재비'는 무슨 뜻인가요?

아재비는 아저씨의 낮춤말이에요. 너무 가깝지도 너무 멀지도 않은 사이를 이르는 말이죠. 식물 이름에 아재비가 들어가면 원래 식물과 닮았으나 같지 않다는 뜻이에요. 그러므로 미나리아재비라고 하면 미나리와 닮기는 했으나 미나리와는 다른 친구라고 보면 돼요.

중학교 국어교과서 '소나기'에 나와요
마타리 | 마타리과

오늘 공부하는 풀꽃은요~

• 학명 : *Patrinia serratulifolia* 7~10월에 꽃피는 여러해살이풀이에요.

마타리의 이름 유래는 아쉽게도 정확히 알 수는 없어요. 뿌리에서 된장이나 간장 썩는 내가 난다 하여 한자로는 '**패장(敗醬)**'이라고 불러요. 꼭 뿌리에서만 나는 게 아니라 마타리는 몸 전체에서 좋지 않은 냄새를 풍겨요.

 이렇게 쓰여요

마타리의 어린잎을 데쳐서 물에 담가 떫은맛을 없앤 후 간장에 무쳐 먹어요. 피를 잘 돌게 할 뿐만 아니라 고름을 없애고 독을 푸는 작용을 하기 때문에 꽃이 달린 잎줄기와 뿌리를 모두 약으로 쓴다고 해요.

이렇게 생겼어요

줄기는 1미터 넘게 곧게 자라요. 뿌리 쪽의 잎은 긴 타원형인 반면에 줄기 쪽의 잎은 새의 깃 모양으로 깊게 갈라져요. 가장자리에 톱니가 있어요. 자잘한 노란색의 꽃이 우산살 모양으로 달리는데, 햇빛을 받으면 샛노란색으로 빛나기 때문에 멀리서도 잘 보여요. 열매는 기다랗고 조금 납작해요. 냄새가 나는 누런색의 뿌리를 가졌어요.

지독한 냄새가 나는 마타리의 뿌리

재미있는 이야기

중학교 1학년 2학기 국어에 '소나기'라는 유명한 소설이 나와요. 서울에서 온 소녀와 시골 소년과의 짧고 순수한 사랑을 그린, 너무나도 아름답고 유명한 소설이라 부모님들도 모르는 분이 없을 거예요. 시골을 배경으로 한 소설이라 여러 풀꽃들이 나오는데, 그 중 하나가 바로 마타리죠. 여주인공인 소녀가 소년과 산 너머로 놀러가서 발견한 꽃이에요. 소녀는 마타리를 '양산같이 생긴 노란 꽃'이라고 하면서 이름이 뭐냐고 소년에게 물어요.

이름을 전해들은 소녀는 마타리꽃을 양산 받듯이 해 보이며 미소를 짓는데, 마타리를 아는 사람이라면 아마 그 장면이 생생하게 그려질 거예요.

우산살 모양의 꽃차례를 펼쳐 든 마타리

비슷한 풀꽃 친구

마타리와 비슷한 풀꽃 친구가 몇 있는데, 흔히 볼 수 있는 친구로 '뚝갈'을 소개할게요. 마타리가 금색으로 빛나는 노란 꽃인 반면에 뚝갈은 은색으로 빛나는 하얀 꽃을 마타리와 거의 같은 시기에 피워요. 마타리가 여성스러운 꽃이라고 한다면 뚝갈은 남성스러운 꽃이라고 할 수 있죠. 마타리한테서는 지린내가 나지만 뚝갈에서는 구수한 내가 난답니다.

뚝갈은 구수한 내가 풍기는 은색 꽃을 피워요

산과 들의 풀꽃 친구

나리 중에도 진짜 나리
참나리 | 백합과

오늘 공부하는 풀꽃은요~

● 학명 : *Lilium lancifolium* 7~8월에 꽃피는 여러해살이풀이에요.

'참'이라는 말은 '진짜'라는 뜻이에요. 식물 이름에 '참'자가 붙으면 '개'자가 붙은 식물에 비해 훨씬 좋거나 으뜸이라는 뜻을 가져요. 그래서 참나리는 나리 중에서도 크고 화려한 꽃을 피운다는 뜻으로 붙여진 이름이라고 보면 돼요. 호랑무늬 반점이 있어서 '호랑나리'라는 별명으로도 불려요.

 이렇게 쓰여요

참나리의 어린순과 주아, 땅속의 비늘줄기를 여러 가지 방법으로 먹을 수 있어요. 또한 참나리의 비늘줄기를 기침을 멈추게 하고 열을 내리게 하는 데 쓸 수 있다고 해요.

이렇게 생겼어요

줄기는 붉은 갈색을 띠면서 곧게 자라요. 어긋나게 달리는 긴 잎은 촘촘한 편이에요. 여섯 장의 꽃잎으로 된 진한 주황색 꽃이 피는데, 꽃잎 표면에 검붉은 반점이 많이 있어요. 검붉은 색의 꽃밥은 옷에 묻으면 잘 안 지워질 정도로 진해요. 꽃이 지면 육각 원기둥 모양의 열매가 맺혀요. 땅 속에는 하얀 비늘줄기가 달리고요.

땅 속의 비늘줄기

재미있는 이야기

참나리는 열매를 맺긴 하지만 씨앗에서 새싹이 나지는 않는대요. 그래서 땅 속의 비늘줄기가 갈라지거나, 줄기와 잎 사이에 달리는 '살눈'이라고 하는 짙은 갈색의 구슬로 번식이 이뤄져요. 살눈이 떨어

참나리의 살눈에서 싹이 튼 모습

지면 거기에서 새싹이 돋아나요. 그래서 나리 중에서 다른 나리 친구와 달리 잎의 겨드랑이에 살눈이 달리는 친구가 있다면 분명히 참나리일 거예요. 살눈을 '씨눈'이라고도 하고 한자로는 '주아'라고 해요.

비슷한 풀꽃 친구

나리 친구 중에서 꽃이 땅을 보고 피는 친구는 '땅나리'라고 해요. 중간쯤인 옆을 보고 피는 친구는 '중나리'라고 하고요. 중나리처럼 옆을 보고 피기는 하지만 줄기 중간 부분에 4~9개 정도의 타원형 잎이 돌려나는 친구는 '말나리'라고 해요.

땅을 보고 피는 땅나리

꽃이 중간(옆)쯤을 보고 피는 중나리

말나리 중에서도 꽃이 하늘을 보고 피는 친구는 '하늘말나리'라고 하고요. 나리를 닮았지만 작은 흰색 꽃을 피우는 친구는 '애기나리'라고 해요. 정말

귀엽게 생겼죠. 흔히 볼 수 있는 건 아니지만 꽃잎 안쪽의 무늬가 뻐꾸기 가슴의 가로무늬와 닮았다 하여 '뻐꾹나리'라고 하는 친구도 있어요. 어떤 사람들은 뻐꾹나리의 꽃 모양이 꼴뚜기와 닮았다고도 해요. 그렇다면 '꼴뚝나리'라는 별명을 붙여줘야 할까 봐요.

타원형 잎이 줄기 중간에 돌려나는 말나리

꽃이 하늘을 보고 피는 하늘말나리

작고 앙증맞게 피는 애기나리 꽃

마치 꼴뚜기를 닮은 뻐꾹나리

애기 똥 같은 액이 나와요

애기똥풀 | 양귀비과

오늘 공부하는 풀꽃은요~

- 학명 : *Chelidonium majus* subsp. *asiaticum* 5~10월에 꽃피는 두해살이풀이에요.

잎이나 줄기를 자르면 갓난아기의 무른 똥처럼 노란 액이 나온다고 해서 애기똥풀이라고 해요. 아기들은 대개 그런 똥을 누거든요. 줄기가 가늘면서 억세다고 해서 '까치다리'라는 이름으로도 불려요.

이렇게 쓰여요

애기똥풀은 독성을 가진 친구예요. 통증을 줄여주는 데에 약으로 쓰는데, 오래된 기관지염에 애기똥풀과 감초를 넣고 달여 먹으면 효과가 있다고 해요..

이렇게 생겼어요

줄기는 가지를 많이 치는 편이에요. 어긋나게 달리는 잎은 새의 깃 모양으로 깊게 갈라져요. 어렸을 적에는 줄기와 잎에 털이 많지만 점차 없어지고 잎 모양도 많이 달라져요. 네 장의 꽃잎을 가진 노란색 꽃이 봄부터 피는데, 늦가을까지도 꽃을 볼 수 있어요. 기다랗게 생긴 열매가 여물면 검은 씨가 나와요.

잎을 뜯으면 애기똥 같은 노란액이 나와요

기다란 창 모양으로 달리는 열매

재미있는 이야기

삼촌이 처음으로 풀꽃 친구 공부를 시작했을 때, 이 애기똥풀과 괭이밥을 구별하지 못해 한참을 헷갈려했어요. 지금 생각하면 너무나도 우스운 얘기지만 완전히 다른 친구인데도 그때는 그렇게 어떤 친구가 어떤 친구인지 가려내는 눈을 갖지 못 했어요. 노란색 꽃이면 무조건 애기똥풀이겠거니 하고 잎을 따보면 아무 액도 나오지 않고, 이게 무슨 풀일까 하고 잎을 따보면 노란 액이 나오는 게 애기똥풀이고 그랬어요. 꽃잎의 수를 세어봐서 애기똥풀은 네 장이고 괭이밥은 다섯 장이라는 사실로 구별하기 시작했는데, 잎 모양도 완전히 다르다는 사실을 나중에야 알게 되었어요. 삼촌만 그런 게 아닌지 서른다섯 살이 될 때까지 애기똥풀을 몰랐다고 고백하는 시를 안도현 시인이 쓰기도 했어요.

비슷한 풀꽃 친구

잎이나 줄기를 잘랐을 때 액이 나오는 친구들이 제법 여럿 있어요. 그 중에서도 애기똥풀과 비슷한 친구로 '피나물'을 들 수 있어요. 잎이나 줄기를 자르면 피 같은 액이 나온다고 해서 붙여진 이름인데, 실제적으로는 피처럼 붉은색이 아니라 진한 주황색에 가까워요. 노란색의 꽃이 아름답게 피지만 애기똥풀처럼 독이 있는 친구니까 주의해야 돼요.

피나물에서 나오는 진한 주황색의 액

무리지어 노란색으로 핀 피나물의 꽃

쓴 뿌리로 입맛을 돋우어요
고들빼기 | 국화과

오늘 공부하는 풀꽃은요~

● 학명 : *Crepidiastrum sonchifolium* 5~9월에 꽃피는 두해살이풀이에요.

여러 개의 꽃봉오리가 오돌오돌한 밥알처럼 보인다는 뜻의 사투리인 '꼬들비'가 변한 이름이 고들빼기라고 해요. 지방에서는 '꼬들빼기'라고도 하고, 쓴맛이 나기 때문에 '씬나물'이라고도 하는 등 여러 가지 이름으로 불려요.

 이렇게 쓰여요

잎이 달린 뿌리를 통째로 캐서 고들빼기김치를 담가 먹는데, 쓴맛이 나지만 입맛을 돋우어줘요. 또한 고들빼기에 들어 있는 여러 가지 성분들이 위를 튼튼하게 해주고 피를 맑게 해준다고 해요. 말려서 나물로 무쳐 먹기도 해요.

산과 들의 풀꽃 친구

> 이렇게 생겼어요

줄기는 위에서 가지를 많이 치는 편이에요. 방석 모양으로 퍼지는 뿌리 쪽의 잎은 기다란 타원형이고 가장자리가 냉이처럼 깊게 갈라지는 데 비해 줄기 쪽에 어긋나게 달리는 잎은 열쇠 모양으로 생겨서는 줄기를 감싸면서 달려요. 잎을 자르면 하얀 액이 흘러나와요. 노란색의 작은 꽃은 계속해서 피고 져요. 누런색이 도는 인삼 비슷한 뿌리를 가졌는데, 맛이 몹시 써요.

고들빼기의 꽃과 꽃봉오리

고들빼기의 잎을 자르면 나오는 흰 액

쓴맛이 강한 고들빼기 뿌리

재미있는 이야기

입맛이 없을 때면 어른들은 일부러 쓴맛이 나는 음식을 먹어 입맛을 돋우곤 해요. 고들빼기로 담근 김치도 그럴 때 먹는 음식이죠. 어찌나 쓴지 일주일 가량을 소금물에 담가 쓴맛을 우려낸다고 해요. 그런 후 갖가지 양념을 넣고 버무리면 쌉싸래한 고들빼기김치가 완성되죠. 처음엔 그 쓴맛에 혀를 내두르지만 몇 번 먹다보면 입맛이 당기는 걸 느낄 수 있어요. 나중에는 김이 모락모락 나는 허연 쌀밥에 고들빼기김치를 얹어 먹을 생각만 해도 군침이 돈답니다.

비슷한 풀꽃 친구

고들빼기는 비슷한 여러 친구들을 갖고 있는 친구예요. 우리 주위에서 흔히 볼 수 있는 친구 둘을 소개하자면 '왕고들빼기'와 '씀바귀'를 꼽겠어요. 늦여름부터 피어나는 왕고들빼기는 고들빼기보다 키도 크고 꽃도 커요. 잎역시도 훨씬 크고 길게 갈라지는 데다가 꽃의 색이 연한 노란색이라 고들빼기와는 금세 구별할 수 있어요. 고들빼기와 헷갈리기 쉬운 친구가 씀바귀예요. 하도 쓴맛이 나기 때문에 그런 이름이 붙었고 고들빼기처럼 씀바귀도 입맛이 없을 때 먹어요. 고들빼기 못지않게 씀바귀도 많은 친구를 갖고 있는 친구예요. 뿌리에서 쓴맛이 나는 풀꽃을 말하자면 '자주쓴풀'이라는 친구를 빼놓을 수 없어요. '쓴풀'의 친구이자 줄기에 자줏빛이 돌기 때문에 붙은 이름이에요. 줄무늬가 들어간 연보라색 꽃이 참 예쁜 친구인데, 노란색이 도는 뿌리가 엄청나게 써요. 실은 뿌리뿐만 아니

특이한 모양의 꽃을 피우는 자주쓴풀

라 잎 부분도 몹시 써요. 삼촌의 어머니는 친구의 눈을 감아보라고 한 뒤, 자주쓴풀의 뿌리를 입에 살짝 넣고 씹어보라고 하고는 얼른 도망치는 놀이를 했다고 해요. 멋도 모르고 자주쓴풀의 뿌리를 씹은 그 친구의 표정이 어땠을지 상상만 해도 웃음이 나요.

고들빼기 못지않게 쓴맛이 나는 씀바귀

연노란색의 큰 꽃을 피우는 왕고들빼기

피를 멎게 해준대요
엉겅퀴 | 국화과

오늘 공부하는
풀꽃은요~

● 학명 : *Cirsium japonicum var. maackii* 6~8월에 꽃피는 여러해살이풀이에요.

피를 엉기게 하는 효과가 있다고 해서 '엉겅퀴'라고 해요. 가시가 많지만 나물로 먹기도 하기 때문에 '가시나물'이라고도 하죠. 여름 들녘에서 붉은 꽃을 피운다는 뜻의 '야홍화'라는 별명도 갖고 있어요.

엉겅퀴의 어린순은 나물로 먹고 억센 잎은 튀김으로도 이용해요. 다 큰 식물의 줄기와 뿌리는 피를 멎게 해주는 등 여러 가지 약효가 있어서 중요한 약재로 쓴다고 해요.

산과 들의 풀꽃 친구

이렇게 생겼어요

 허리 높이로 곧게 서는 줄기에 어긋나게 달리는 잎은 새의 깃 모양으로 갈라져요. 줄기와 잎에 털이 많이 나고, 날카로운 가시가 많이 나 있어서 찔리기 쉬워요. 머리 모양의 꽃을 이루는데, 대개 붉은색이나 진분홍색이고 흰색으로도 핀다고 해요. 꽃을 싸고 있는 포에서 끈끈한 액이 묻어나요. 누런 털이 달린 열매가 맺히면 바람에 날아가요.

연한 분홍색으로 핀 엉겅퀴의 꽃

잔가시가 많이 나 있는 엉겅퀴의 잎

재미있는 이야기

 13세기 무렵 스코틀랜드에 덴마크 바이킹이 쳐들어왔어요. 스코틀랜드의 성이 워낙 높자 덴마크 병사들은 밤에 기습하기로 계획을 세웠어요. 이윽고 밤이 되자 병사들이 하나둘 성 안으로 넘어갔는데, 주위가 온통 엉겅퀴 밭이었지 뭐예요? 엉겅퀴의 날카로운 가시에 찔린 덴마크 병사들은

'악!' 하고 비명을 질렀어요. 그 소리를 듣고 깨어난 스코틀랜드 병사들은 가시에 찔려 어쩔 줄 몰라 하는 덴마크 병사들을 물리쳤어요. 그 후, 나라를 구한 꽃이라 하여 스코틀랜드는 엉겅퀴를 나라꽃으로 삼았다고 해요.

비슷한 풀꽃 친구

엉겅퀴 친구 중에서 줄기에 물고기의 지느러미처럼 생긴 날개가 두 줄로 달리는 친구를 '지느러미엉겅퀴'라고 해요. 세로로 달리니까 꼭 확인해보세요. 말이 지느러미지 가시가 더욱 날카롭게 돋쳐 있어서 다가가기가 쉽지 않아요. 고개 숙인 채 꽃송이를 피우는 엉겅퀴가 있다면 그건 '큰엉겅퀴'일 거예요. 큰 키로 자라기 때문에 먼발치에서도 쉽게 알아볼 수 있어요.

지느러미 날개가 달리는 지느러미엉겅퀴 | 사람 키 정도로 자라는 큰엉겅퀴

봄이면 된장찌개에 넣어 먹어요
냉이 | 겨자과

오늘 공부하는 풀꽃은요~

● 학명 : *Capsella bursa-pastoris*   4~6월에 꽃피는 두해살이풀이에요.

냉이는 '나이(那耳)'라는 한자 이름에서 유래되었다고 해요. 지방에서는 '나생이' 또는 '나새이'라고 해요. 열매가 지갑처럼 보인다고 해서 '낭낭지갑'이라는 재미있는 별명으로도 불려요.

 이렇게 쓰여요

꽃대가 올라오기 전 뿌리째 캐서 된장찌개에 넣어 먹거나, 데쳐서 먹어요. 봄에 냉이를 잘게 썰어 죽에 넣어 먹으면 병 없이 지낼 수 있다 하여 옛날부터 즐겨 먹는 풍습이 있었대요. 그리고 냉이는 혈압을 내려주고 눈을 밝게 해주는 작용도 한다고 해요.

이렇게 생겼어요

줄기 전체에 털이 있어요. 방석처럼 땅바닥에 모여서 나는 뿌리 쪽의 잎은 새의 깃 모양으로 갈라지고 줄기 쪽에 어긋나는 잎은 갈라지지 않은 채 긴 타원형으로 줄기를 감싸요. 네 장의 꽃잎으로 된 흰색 꽃이 십(十)자 모양으로 자잘하게 모여서 피어요. 그렇기 때문에 겨자과의 친구들을 '십자화과'라고 부르기도 해요. 열매는 뾰족한 하트 모양으로 익어요. 생긋한 향기가 나는 뿌리는 곧은뿌리로 되어 있어요.

뾰족한 하트 모양으로 익은 냉이의 열매

재미있는 이야기

냉이는 두해살이풀이에요. 그렇지만 꼭 2년을 사는 게 아니라 햇수로 2년을 사는 것이기 때문에 아주 짧은 시간을 사는 셈이에요. 열매에서 떨어진 씨앗이 늦여름이나 가을철에 싹을 틔우는데 그때부터 자라기 시작해서 방석 모양의 잎을 만들어 땅바닥에 착 달라붙은 채로 겨울을 나요. 그러고는 이듬해 봄에 쑥쑥 자라 꽃을 피우고 열매를 맺게 되면 시들어버리는 거예요. 좀더 오래 살면 좋지 않겠냐고요? 자연에는 엄연히 존재하는 법칙이 있어서, 냉이건 누구건 그것을 깨는 것보다는 지키는 게 더 좋은 결과를 낳는답니다.

비슷한 풀꽃 친구

냉이 역시도 누구 못지않게 친구가 많아요. 그 중에서도 완벽한 하트 모양으로 날개 달린 열매를 맺는 '말냉이'라고 하는 친구가 있어요. 식물 친구 이름에 '말'자가 들어가면 대개 몸집이 큰 친구를 말하는데, 말냉이도 마찬가지죠. 냉이치고는 꽃이 화려한 친구에 '는쟁이냉이'가 있어요. 잎도 조금 색다른 모양이죠. '는쟁이'는 '명아주'라는 친구의 다른 이름인데, 아마도 는쟁이냉이의 잎이 명아주의 잎을 닮아서 그런 이름이 붙은 것 같아요. 는쟁이냉이는 주로 물가 근처에 살아요. 물가 근처에서 사는 또 다른 냉이 친구로 '미나리냉이'가 있어요. 미나리냉이 역시 꽃 모양이 화려한 편이고 기다란 대여섯 장의 잎이 달리는 특징이 있어요.

냉이 중 가장 화려하게 꽃 피우는 는쟁이냉이

흰 꽃에 둥근 하트 모양 열매의 말냉이

주로 물가에 피는 미나리냉이

삼촌에게 질문하기

꽃은 한번 피면 얼마나 오래 가나요?

여러 송이가 아니라 한송이로만 봤을 땐 그리 오래 피지 않아요. 보통 한나절이나 반나절 정도 피었다가 시드는 편이에요. 나팔꽃은 아침에 피었다가 저녁에 시들고, 달맞이꽃은 저녁에 피었다가 아침에 시들죠. 박주가리 꽃은 일주일 정도 피기도 하고, 백일홍은 더 오래 피기도 해요. 꽃을 오래 보려고 일부러 만들어 낸 친구들은 더 피고지게 하기도 해요.

산과 들의 풀꽃 친구

풋거름으로 쓰기 위해 심어요

자운영 | 콩과

오늘 공부하는 풀꽃은요~

● 학명 : *Astragalus sinicus* 4~6월에 꽃피는 두해살이풀이에요.

들녘에 무리지어 피어난 모습이 마치 보랏빛 구름과 같다 하여 한자 이름으로 자운영(紫雲英)이라고 해요. 고향이 남부 지방인 사람들은 한두 번쯤 자운영 가득한 들판을 꿈속처럼 걸어가 본 기억이 있을 거예요.

 이렇게 쓰여요

자운영의 어린순은 나물로 먹기도 해요. 꿀이 많아 벌을 치기에도 좋은 친구예요. 염증을 없애주거나 피를 멎게 하는 작용이 있어서 약재로 쓰기도 한대요. 예전에는 풋거름으로 논에 뿌리거나, 가축의 먹이로 이용했어요.

첫째 마당

이렇게 생겼어요

줄기가 땅을 기면서 사방으로 퍼져 자라요. 깃 모양의 작은 잎이 여러 장 어긋나게 달리는데, 끝이 조금 오목하게 들어가요. 나비 모양의 보라색 꽃이 7~10송이 정도 둥글게 모여서 피어요. 가끔 흰색 꽃도 발견된다고도 해요. 콩과 식물답게 열매는 세모난 긴 꼬투리로 검게 익으며 끝이 뾰족해요.

재미있는 이야기

논밭에 영양분을 주기 위해 생풀이나 생나무 잎으로 하는 거름을 풋거름이라고 해요. 한자로는 녹비(綠肥)라고 하죠. 자운영은 원래 중국에서 나는 풀로서 풋거름으로 들여와 논밭에 많이 재배했대요. 뿌리에 뿌리혹박테리아라는 게 있어서 공기 속의 질소를 고정시켜 주는 역할을 하기 때문에 풋거름으로 쓰기에 좋은 친구예요. 가을에 자란 잎이 겨울을 나고 이듬해 봄에 왕성하게 자라면 갈아엎고 모내기를 했대요. 그러나 요즘은 화학비료를 쓰기 때문에 굳이 풋거름을 쓸 필요가 없어져서 들녘으로 퍼져나가 저절로 자라는 평범한 풀꽃이 됐어요.

비슷한 풀꽃 친구

자운영처럼 풋거름이나 가축한테 먹이는 풀로 쓰기 위해 다른 나라에서

들여온 친구들이 있어요. '알팔파'
라는 이름으로도 불리는 '자주개자
리'가 그 중 하나예요. 자주색 꽃이
모여서 핀 모습을 길가에서 흔히
볼 수 있어요. 나비 모양의 노란색
꽃이 1~6송이 정도 모여서 피는

길가에 흔히 퍼져 자라는 자주개자리

친구는 '벌노랑이'라고 해요. 벌판에서 노란색 꽃을 피우기 때문에 붙은 이름 같아요. 우리가 흔히 '클로버'라고 하는 '토끼풀'도 처음에는 가축한테 먹이기 위해 들여왔다가 저절로 퍼져나가 자라게 된 친구예요. 잎이 보통 세장이 모여서 나지만 네 장, 또는 그 이상 나는 친구도 있어요.

노란 병아리같은 꽃을 피우는 벌노랑이

꽃반지를 만들어 놀기도 했던 토끼풀

이름에 고양이가 들어가요
괭이밥 | 괭이밥과

오늘 공부하는 풀꽃은요~

- 학명 : *Oxalis corniculata* 5~10월에 꽃피는 여러해살이풀이에요.

고양이가 곧잘 뜯어먹는 풀이어서 괭이밥이라고 해요. 잎에서 시큼한 맛이 나기 때문에 '시금초'라고도 하고요. 고양이뿐만 아니라 삼촌도 어렸을 적에는 입이 심심할 때마다 한두 개씩 따먹었던 기억이 나요.

 이렇게 쓰여요

시큼한 맛이 나지만 어린순을 먹을 수 있어요. 데었을 때 즙을 내어 바르면 좋고, 열매를 소화제로 쓰기도 한대요.

이렇게 생겼어요

줄기는 비스듬히 서고 가지를 많이 쳐요. 하트 모양으로 생긴 작은 잎이 세 장씩 모여서 나요. 밤이나 흐린 날에는 잎을 오므렸다가 햇볕이 나면 다시 활짝 펴요. 다섯 장의 꽃잎으로 된 노란색 꽃이 피고 육각의 기둥처럼 생긴 열매가 맺히는데, 익으면 열매 껍질이 터지면서 씨가 툭툭 튀어나와요.

하트 모양의 괭이밥 잎

만지면 씨앗이 튀어 나와요

재미있는 이야기

주로 육식을 하는 고양이가 소화가 잘 안 될 때에 곧잘 풀을 뜯어먹곤 한대요. 아마도 잎에서 나는 신맛이 소화와 관계있는 모양이에요. 그래서 시큼한 괭이밥을 소화제 먹듯 뜯어먹나 봐요. 개나 사자 등의 동물들도 그렇게 가끔 풀을 뜯어먹는다고 해요.

비슷한 풀꽃 친구

괭이밥과 닮았지만 줄기는 곧게 서고 포기에 전체에 털이 나는 친구를 '**선괭이밥**'이라고 해요. 괭이밥에 비해 노란 꽃이 조금 늦게 피는 친구예요. 괭이밥보다 잎이 크고 꽃이 흰색이며 깊은 산에서 자라는 친구는 '**큰괭이밥**'이라고 해요. 꽃이 지고 나서도 오랫동안 달려 있는 커다란 잎이 꽃 못지않게 예쁜 친구예요.

줄기가 곧게 서는 선괭이밥

큰 꽃을 피우는 큰괭이밥

나비가 모여 앉은 듯한 큰괭이밥의 잎

뿌리줄기로 차를 만들어 마셔요

둥굴레 | 백합과

오늘 공부하는 풀꽃은요~

● 학명 : *Polygonatum odoratum* var. *pluriflorum*　5~6월에 꽃피는 여러해살이풀이에요.

잎이 둥글고 은방울꽃과 비슷하게 생긴 꽃을 피우기 때문에 둥굴레라는 이름이 붙었을 거라고 해요. 잎이 아름답고, 대나무의 잎과 비슷하다 해서 '옥죽(玉竹)'이라는 한자 이름으로도 불려요. 싱그러운 연초록의 둥근 잎과 방울 모양의 작은 꽃을 모두 감상할 수 있는 친구예요.

 이렇게 쓰여요

어린잎을 나물로 먹어요. 기운을 돋게 하고 허약한 체질을 바꿔주는 데 좋다고 해서 둥굴레의 뿌리줄기를 쪄서 먹기도 해요. 가을이나 이른 봄에 채취해서 그늘에서 말린 후 잘게 잘라서 사용하죠. 요즘은 차로 개발되어 얼마든지 쉽게 구할 수 있어요. 보리차처럼 구수한 맛이 나요.

이렇게 생겼어요

모가 지는 줄기는 활 모양으로 비스듬히 휘어져요. 대나무 잎처럼 길쭉하게 생긴 잎은 줄기에 어긋나게 달리고 끝이 둥글며, 잎 뒷면은 분칠을 한 것처럼 흰빛이 돌아요. 녹색이 도는 백색의 꽃이 한두 개씩 밑을 향해서 일렬로 줄줄이 달려요. 둥근 콩처럼 생긴 열매는 푸른색에서 검은색으로 익는데, 단맛이 나요. 희고 굵은 뿌리줄기가 땅 속에 달리는데, 날것으로 먹어 보면 미끌미끌한 액이 입 안에 느껴져요. 진짜 뿌리는 수염뿌리로 되어 있어요.

검푸르게 익는 둥굴레 열매

날것으로 먹기도 하는 둥굴레 뿌리줄기

재미있는 이야기

둥굴레에는 이런 이야기가 전해져요. 옛날에 유명한 의사가 있었는데, 자신이 늙고 병들자 아무도 치료할 수 없게 되었어요. 그래서 그는 영원히 늙지 않는다는 불로초를 캐기로 하고는 산 속을 헤매고 다녔어요. 그러다 안개 속에서 신선이 무슨 풀을 캐어 먹는 것을 보게 되었어요. 신선이 사라지자 그곳으로 가서 보니 거기에 둥굴레가 있었어요. 그 의사는 둥굴레를 많이 먹고 백 살도 넘도록 살면서 많은 환자들을 치료했다고 해요. 예로부터 둥굴레는 이렇게 신선이 먹는 음식으로 전해져요.

비슷한 풀꽃 친구

포엽에 싸인 꽃을 매단 퉁둥굴레

퉁둥글레보다 큰 포엽의 용둥굴레

둥굴레와 비슷하지만 꽃이 포엽이라고 하는 잎에 싸여 있는 친구가 있어요. '**퉁둥굴레**'라고 하죠. 꽃이 포엽에 싸이는 건 같지만 훨씬 더 큰 포엽에 싸이는 친구는 '**용둥굴레**'라고 해요. 둥굴레는 줄기가 한쪽으로 비스듬히 기울면서 자라는데, 그에 비해 곧게 서서 자라는 친구도 있어요. '**각시둥굴레**'가 그러해요. 둥굴레와 달리 잎 뒷면이 녹색을 띠고 키가 작고 아담해요.

'층층갈고리둥굴레'라고 하는 친구도 곧게 서서 자라요. 꽃이 잎의 겨드랑이 쪽에 층층이 돌려서 피고 잎 역시도 돌려서 나기 때문에 층층갈고리둥굴레라는 이름이 붙었어요.

아담한 키로 곧게 자라는 각시둥굴레

꽃이 층층이 돌려피는 층층갈고리둥굴레

 삼촌에게 질문하기

이름에 각시가 들어가는 것은 무슨 뜻이에요?

각시는 새색시 또는 작게 만든 여자 인형을 뜻해요.. 각시둥굴레처럼 식물이름에 각시가 들어가면 주로 키가작고 아담하게 생긴 풀꽃을 나타내는 말로 쓰여요. 애기라는 말과 비슷하게 쓰인다고 보면 맞아요. 가령, 각시붓꽃, 각시원추리 등이 그것이죠.

둘째 마당

물가와 바닷가의 풀꽃 친구

물을 깨끗하게 해주는 고마운 풀
고마리 | 마디풀과

오늘 공부하는 풀꽃은요~

- 학명 : *Persicaria thunbergii* 8~10월에 꽃피는 한해살이풀이에요.

더러운 물을 깨끗이 해줘서 고맙다는 뜻으로 '고마리'라고 한다는데 정말인지는 모르겠어요. 너무 잘 퍼져 자라기 때문에 고만(그만) 자라라는 뜻으로 '고만이'라고도 한대요. 혹시 고만고만한 꽃이 모여 피기 때문에 고만이라고 하는 건 아닐까요?

 이렇게 쓰여요

고마리의 어린순을 봄나물로 먹을 수 있다고 하지만 깨끗한 물에 사는 것이어야 하겠죠. 소변을 잘 나오게 하는 작용이 있고, 위에 염증이 있을 때나 허리에 통증이 있을 때 약으로 쓴다고도 해요.

이렇게 생겼어요

덩굴져 자라는 줄기는 모가 졌고 갈고리 같은 가시가 나 있어서 다른 물체에 잘 달라붙어요. 삽이나 화살촉 모양의 잎에는 검은 반점이 있어요. 흰색, 분홍색, 연한 홍색 등 등 다양한 색깔로 여러 개의 꽃이 모여서 피어요. 세모난 달걀 모양의 열매가 황갈색으로 익는데, 그게 마치 꽃봉오리처럼 보이기도 해요.

검은 반점이 나 있는 고마리 잎

흰 바탕에 분홍색이 물든 꽃

꽃봉오리와 구별이 잘 안가는 열매

재미있는 이야기

같은 색의 꽃이 없을 정도로 다양한 색깔로 피어나는 고마리는 꽃 사진

찍는 분들이 퍽이나 좋아하는 꽃이에요. 앙증맞고 예쁜 꽃을 피우며 물가에 무리지어 자라는 고마리는 납이나 카드뮴과 같은 중금속을 제거하고 오염된 물을 깨끗이 해주는 친구라고 해요. 몸 안에 정수기라도 한 대 갖고 있는 걸까요? 사실 고마리는 자기 몸집의 서너 배가 넘는 뿌리를 갖고 있다고 해요. 그 뿌리로 더러운 물을 깨끗하게 걸러준다고 하니 정수기가 따로 없는 거겠죠. 아무튼 이래저래 고마리는 고마운 친구가 아닐 수 없어요.

비슷한 풀꽃 친구

고마리와 닮은 친구 중에 '**며느리밑씻개**'가 있어요. 며느리를 미워하는 시어머니가 며느리밑씻개의 그 가시 달린 풀로 밑을 닦으라고 했다고 해서 험악한 이름이 붙었어요. 줄기에 갈고리 같은 잔가시가 나 있는 건 고마리와 같지만 세모 모양의 잎이 난다는 게 달라요. 며느리밑씻개와 이름이 비슷한 '**며느리배꼽**'도 있어요. 줄기에 잔가시가 나고 세모 모양의 잎의 난다는 게 며느리밑씻개와 비

(위) 며느리밑씻개의 꽃
(아래) 잎 뒷면과 잎자루 모습

줄기에 잔가시가 나는 며느리배꼽   며느리배꼽의 잎 뒷면과 잎자루

숫하지만 며느리밑씻개는 잎자루가 잎의 끝부분에 달리는 데 비해 며느리배꼽은 잎자루가 잎 뒷면에 달린다는 차이점이 있어요. 무엇보다 쟁반 위에 올려놓은 포도송이 같은 열매를 보면 며느리배꼽이라고 금방 알 수 있어요.

줄기에 갈고리 같은 잔가시가 나 있기는 마찬가지인 '미꾸리낚시'라고 하는 친구도 있어요. 잎이 버들잎 모양인데, 밑은 심장 모양으로 되어 줄기를 감싸는 것처럼 보이죠. 모두들 고마리가 주로 사는 물

버들잎 모양의 잎을 가진 미꾸리낚시

가 근처에서 살기 때문에 하나하나 구별해 보면 재미있어요.

이름만큼 예쁜 꽃
반디지치 | 지치과

오늘 공부하는 풀꽃은요~

● 학명 : *Lithospermum zollingeri* 4~5월에 꽃피는 여러해살이풀이에요.

반디지치란 일본 이름을 우리말로만 바꾼 이름이라고 해요. 꽃을 반디풀에 비유하고 뿌리가 지치라는 친구의 뿌리 색과 비슷하다 하여 붙은 이름이라고 해요. 그렇지만 삼촌은 '**반딧불이처럼 차가운 빛을 내는 꽃**'이라는 뜻의 이름이 아닐까 하는 생각을 해요.

 이렇게 쓰여요

반디지치는 주로 꽃을 보는 친구예요. 피부병에 걸렸거나 데었을 때, 또는 소변이 잘 나오게 할 때에 약으로도 쓴다고 해요.

이렇게 생겼어요

줄기가 옆으로 뻗으면서 자라요. 잎은 긴 타원 모양으로 생겼어요. 잎과 줄기에 까슬까슬한 털이 나 있어서 만져보면 거칠게 느껴져요. 그래서 꼭 가짜 꽃 같기도 해요. 파랑색 또는 붉은 보라색 꽃이 마치 불이 켜진 것처럼 피어요. 가지 끝이 땅에 닿으면 거기서 뿌리를 내리고 새로운 싹이 돋기 때문에 봄에 가지를 들춰보면 연결된 여러 포기가 한꺼번에 드러나기도 해요.

예쁜 파란색 꽃을 피워요

재미있는 이야기

바닷가 산기슭에서 신비스런 파란색으로 피어 있는 반디지치를 본 적이 있나요? 처음 본 사람이라면 누구나 삼촌처럼 감탄해 마지않을 거예요. 그 느낌은 아마도 어둠 속에서 반딧불이를 만났을 때와 같지 않을까 싶어요. 반딧불이는 개똥벌레라고도 해요. 환경이 좋지 않아서 지금은 찾아보기가 매우 어려워졌어요. 반딧불이의 빛은 열이 거의 없는 차가운 빛이에요. 반딧불이가 그렇게 빛을 내는 것은 사랑의 신호라고 해요. 이 반딧불이의 빛을 이용해 혹시 책을 읽을 수 있을까요? 옛날 중국의 동진 때 사람인 차윤은 집안이 하도 가난해서 등불을 밝힐 기름이 없자 여름밤에 반딧불이를 잡아 그 빛으로 책을 읽었다고 해요. 또한 손강이라는 사람은 겨울에 내린 눈의 빛으로 책을 읽었다고 해요. 그래서 '형설지공'이라는 말이 생겨났는데, 어려운 여건 속에서도 힘든 일을 이뤄냈을 때 자주 쓰는 말이에요. 혹시 반디지치의 꽃으로도 책을 읽을 수 있지 않을까 싶을 정도로 반디지치는 아름답고 파랗게 반짝이는 꽃을 피워요.

비슷한 풀꽃 친구

반디지치와 아주 비슷하지만 흰색 꽃을 피우는 친구를 '모래지치'라고 해요. 주로 바닷가 모래땅에서 자라기 때문에 붙은 이름이에요. 반디지치보다 조금 늦게 꽃을 피우는 특징이 있어요.

모래지치의 꽃

모래땅에서 자라는 모래지치

진흙 속에서도 피는 꽃
연꽃 | 수련과

오늘 공부하는 풀꽃은요~

• 학명 : *Nelumbo nucifera* 7~8월에 꽃피는 여러해살이풀이에요.

'연'이라고도 불리는 연꽃은 '연화(蓮花)'라는 중국 이름에서 유래된 이름이라고 해요. 연꽃의 뿌리줄기를 가리키는 말은 '연근'이고 열매를 가리킬 때는 '연밥'이라고 해요.

 이렇게 쓰여요

연꽃은 꽃과 잎을 보기 위해 심고, 잎과 뿌리와 열매를 먹을 수 있어요. 더러운 물을 깨끗하게 해주는 역할도 해요. 씨에는 신경을 안정시키는 성분이 들어 있으며 설사를 멎게 하는 작용도 한대요. 그러나 변비가 있는 사람들은 피하는 게 좋다고 해요.

물가와 바닷가의 풀꽃 친구

이렇게 생겼어요

뿌리줄기에서 잎자루와 꽃자루가 자라는데, 가시돌기가 있어요. 지름이 30~50센티미터나 되는 커다란 잎은 둥그런 모양이며 물에 잘 젖지 않아요. 연분홍색이나 흰색의 커다란 꽃이 물 밖으로 목을 내밀고 피어요. 열매는 샤워 꼭지나 물뿌리개 꼭지처럼 재미있게 생긴 모양으로 익는데, 나중에는 벌집처럼 보이기도 해요. 그 안에는 도토리처럼 생긴 짙은 갈색 씨가 들어 있어서, 익으면 껍질을 까서 날로 먹기도 해요. 밤맛과 배추맛이 섞인, 약간 아린 맛이 나요. 많이 먹는 것은 좋지 않다고 해요.

샤워 꼭지 모양의 연꽃 열매

벌집 모양으로 익어가는 연꽃 열매

재미있는 이야기

연꽃은 불교와 관계 깊은 친구예요. 연꽃은 더러운 연못의 진흙 속에서 자라지만 자신은 더러움에 물들지 않고 부처님의 가르침을 받들어 아름다운 꽃을 피우는 것이라고 해요. 연꽃은 꽃이 핌과 동시에 열매가 그 속에 자리하기 때문에 원인과 결과를 뜻하는 불교의 인과(因果)의 이치를 잘 보여준대요. 그래서 부처님이 앉아 있는 받침대를 연꽃으로 표현

홍자색을 띤 연꽃

하는 것이라고 하고요. 그리고 연꽃의 봉오리가 마치 불교신자가 합장하고 서 있는 모습처럼 보이기 때문에 불교에서는 연꽃을 속세에 물들지 않는 신성한 꽃으로 여긴다고 해요. 더러운 진흙 속에서도 아름다운 꽃을 피우는 연꽃 친구처럼 아무리 어려운 환경에 놓인다고 해도 참고 열심히 노력하면 언젠가 아름답게 꽃필 날이 누구에게든 올 거라고 믿어요.

비슷한 풀꽃 친구

연꽃 친구 중에 밤이 되면 꽃잎을 닫고 잠을 자는 친구가 있어요. 한문으로 잠잘 수(睡)자를 써서 '수련(睡蓮)'이라고 해요. 이집트의 나라꽃이기도 해요. 잎과 꽃이 물 밖으

미국수련

로 나와서 피는 연꽃과 달리 수련은 잎과 꽃이 물 위에 뜨는 특징이 있어서 쉽게 구별할 수 있어요. 그런데 남한에 진짜 수련은 없고 대개 '미국수련'이라고 해요. 연꽃과 이름이 비슷한 '어리연꽃'은 연꽃이나 수련처럼 수련과가 아니라 용담과의 친구예요. 연꽃과 비슷하다는 뜻으로 '어리'자를 붙인 이름이죠. 대개 흰색 꽃이 피는데, 가운데 부분은 노란색이에요. 이 친구들과 곧잘 이웃해 사는 친구 중에 '마름'이 있어요. 마름모 모양 비슷한 삼각형의 잎이 물 위에 떠서 달려요. 볼록한 잎자루 속이 스펀지처럼 되어 있고 그 안에 공기가 들어 있어서 물 위에 잘 떠요.

연꽃과 비슷하다는 뜻의 어리연꽃

삼각 잎이 모여 물 위에 뜨는 마름

부들부들 부드러워서
부들 | 부들과

오늘 공부하는 풀꽃은요~

● 학명 : *Typha orientalis* 6~7월에 꽃피는 여러해살이풀이에요.

잎이 순하고 부들부들하다는 뜻에서 부들이라고 해요. 비슷한 친구인 억새나 갈대에 비해 잎이 약간 두껍고 부들부들한 편이에요. 또한 꽃가루받이를 할 때 부들부들 떨기 때문에 부들이라는 설명도 있어요.

 이렇게 쓰여요

부들의 잎으로 방석을 만들어요. 꽃가루는 약으로 쓰이는데, 피를 멎게 하거나 피를 잘 돌게 하고 소변이 잘 나오게 하는 작용을 한대요. 부들은 물을 깨끗하게 해주는 친구이기도 하죠. 요즘은 꽃꽂이 재료로 많이 써요.

이렇게 생겼어요

둥근 기둥 모양의 줄기는 물 위로 솟아 곧게 자라죠. 기다란 칼 모양의 잎이 줄기에 어긋나요. 줄기 끝에 수꽃이삭이 달리고 바로 그 밑에 붙어서 소시지 모양의 두툼한 암꽃이삭이 달려요. 열매가 여물면 솜방망이처럼 부풀어서 바람을 타고 씨가 날아가요. 뿌리줄기가 옆으로 뻗으면서 흰 수염뿌리를 많이 내려요.

(위) 스펀지 조직 같은 부들 잎의 단면
(아래) 솜털 모양의 부들 열매

재미있는 이야기

어느 외진 곳에 꾀 많은 토끼가 한 마리 살고 있었어요. 다른 세상을 구경하고 싶었지만 커다란 강을 건널 방법이 없자 토끼는 한 가지 수를 생각해 냈어요. 악어들을 불러 모아 토끼의 수가 많은지 악어의 수가 많은지 내기를 하자고 한 거죠. 먼저 악어들이 일렬로 강 건너편까지 쭉 늘어서면 토끼가 세어 보겠다고 했어요. 그러자 악어들은 시키는 대로 줄을 섰고 토끼는 수를 세는 척하며 악어들의 등을 하나씩 밟고 강 건너편으로 갈 수 있었어요. 뒤늦게 토끼에게 속은 것을 안 악어들이 쫓아가 토끼의 털을 모두 뽑아 버렸어요. 마침 그곳을 지나다가 알몸이 되어 울고 있는 토끼를 본 산신령이 강가에 있는 부드러운 풀을 모아서 깔고 있으면 좋아질 거라고 하였어요. 그래서 시키는 대로 했더니 어느새 상처가 아물고 새로운 털이 나기 시작하였어요. 그 풀이 바로 부들이었다고 해요.

비슷한 풀꽃 친구

수꽃이삭과 암꽃이삭이 붙어서 달리는 부들과 달리 떨어져서 길게 달리는 친구를 '애기부들'이라고 해요. '좀부들'이라고도 하죠. 부들의 수꽃이삭이 굵고 짧은 대신에 애기부들의 수꽃이삭은 가늘고 길죠. 다른 부들 친구와 달리 암꽃이삭의 길이가 짧고 키도 작은 친구는 '꼬마부들'이라고 해요. 부들이나 애기부들의 꽃이삭이 소시지 모양이라면 꼬마부들은 핫도그 모양이라 쉽게 구별할 수 있어요.

애기부들

꼬마부들

물고기 부레를 흉내내요
부레옥잠 | 물옥잠과

오늘 공부하는 풀꽃은요~

● 학명 : *Eichhornia crassipes* 8~9월에 꽃피는 여러해살이풀이에요.

물고기는 뱃속에 있는 공기주머니인 부레를 이용하여 물에 떴다가 잠겼다가 해요. 그 부레를 닮은 주머니로 물 위에 뜨고, 또 물옥잠과 비슷하다고 하여 부레옥잠이라는 이름이 붙었어요. 옥잠은 또 뭐냐고요? 옥으로 된 비녀를 뜻한답니다. 옥잠화라고 하는 친구한테서 빌려온 이름이에요.

 이렇게 쓰여요

부레옥잠은 물을 깨끗하게 하거나 꽃을 보려고 심어요.

이렇게 생겼어요

둥글고 도톰한 잎이 뿌리에 모여서 나요. 잎자루의 가운데가 물고기의 부레처럼 부풀어서 물 위에 뜨게 하는 역할을 하죠. 연한 자주색의 꽃이 촘촘히 모여서 피는데, 위쪽 가운데의 꽃잎에는 보라색 무늬에 둘러싸인 노란색 반점이 있어서 마치 공작새의 깃털처럼 보여요. 봉황새의 눈을 닮았다고도 하고요. 수세미처럼 생긴 뿌리는 물 속에 잠겨 있어요.

물고기 부레와 비슷한 역할을 하는 잎자루

부레 모양의 잎자루를 자른 모습과 뿌리 모습

재미있는 이야기

작은 연못이나 어항에서 많이 기르는 부레옥잠은 여러해살이풀이에요. 하지만 열대아메리카가 고향인 친구라 우리나라에서는 한해밖에 살지 못해요. 그래서 오래 살게 하려면 얕은 그릇에 양분이 든 흙을 넣고 30센티미터 정도 되는 물에서 겨울을 나게 해줘야 한대요.

부레옥잠은 물을 깨끗하게 해주는 친구이기는 하지만 겨울을 나지 못하고 죽게 되면 자기 몸 안에 모아둔 더러운 물질을 그대로 썩게 하여 더욱 환경을 오염시킬 수 있다고 해요. 그러니 가져다 키우는 것도 좋지만 어떻게 가꿔가야 하는지가 더 중요하다고 할 수 있는 친구예요.

비슷한 풀꽃 친구

부레옥잠과 비슷하지만 부레 모양의 주머니가 없고 부레옥잠보다 작은 보라색 꽃이 촘촘히 피는 친구를 '물옥잠'이라고 해요. 주로 논이나 얕게 고인 물에서 만날 수 있어요. 비교적 큰 키로 자라는 친구예요. 물옥잠과 언뜻 헷갈리기 쉬운 '물달개비'라는 친구도 있어요. 달개비풀(닭의장풀)과 닮았으며 물에서 산다 하여 붙은 이름이에요. 물옥잠보다 작은 키와 낮은 자세로 자라고 꽃이 완전히 다 벌어지지 않는 특징이 있어서 구별하는 데 큰 어려움은 없어요.

비교적 큰 키로 서서 보라색 꽃을 피우는 물옥잠

다 벌어지지 않는 꽃을 피우는 물달개비

화살촉 모양의 잎
벗풀 | 택사과

오늘 공부하는
풀꽃은요~

● 학명 : *Sagittaria trifolia* 8~10월에 꽃피는 여러해살이풀이에요.

잎의 모양이 쟁기의 보습과 닮았다고 하는 뜻의 보풀이라는 풀꽃에서 벗풀의 이름이 유래되었다고 해요. 친구를 뜻하는 '벗'이라는 글자가 들어가서 그런지 유난히 친근하게 느껴지는 이름이에요.

 이렇게 쓰여요

벗풀의 어린순을 먹을 수 있어요. 소변을 잘 나오게 하거나 몸이 부어오르는 병을 고칠 때에 벗풀의 덩이줄기를 약으로 쓴다고 해요.

이렇게 생겼어요

땅 속에 기는줄기가 있고 그 끝에 덩이줄기가 달려요. 어렸을 적에는 한 개의 줄 모양이던 잎이 점점 화살촉 모양을 닮아가요. 꽃은 한 개의 꽃대에 수꽃과 암꽃이 함께 달리는데, 위쪽의 것이 수꽃이고 아래쪽의 것이 암꽃이에요. 꽃받침과 꽃잎은 각각 세 장씩이에요. 둥그스름한 열매가 연한 녹색으로 익어요.

위쪽에 달리는 벗풀의 수꽃

재미있는 이야기

특이한 모양의 잎과 꽃도 예쁘지만 벗풀은 친구와의 우정을 떠올리게 하는, 이름까지도 예쁜 친구예요. 매일 보면서 함께 놀아도 전혀 질리지 않을 친구죠. 그러나 벗풀은 농부 아저씨들이 아주 싫어하는 친구라고 해요. 뽑고 또 뽑아내도 다시 자라거든요. 물을 깨끗하게 해주는 역할을 한다지만 주로 논바닥에서 자라기 때문에 농사짓는 데에는 아무 도움이 되지 못 하고 오히려 방해가 되는 것이죠. 화살촉을 닮은 벗풀의 잎이 농부 아저씨한테는 아마도 미운 가시처럼 보일 거예요.

아래쪽에 달리는 벗풀의 암꽃

연한 녹색으로 익어가는 벗풀 열매

비슷한 풀꽃 친구

벗풀보다 잎 윗부분이 좁은 친구를 '보풀'이라고 해요. 보풀 잎이 제비처럼 훨씬 더 날렵하게 생겼어요. 하지만 겉모양만으로 둘을 구별하기가 매우 어렵죠. 대신 벗풀은 땅속으로 기는줄기가 뻗으면서 끝에 작은 덩이줄기가 달리고, 보풀은 잎자루 안쪽에 작은 덩이줄기가 생기는 특징으로 구별해요.

(위) 벗풀의 덩이줄기 (아래) 잎자루 안쪽에 작은 덩이줄기가 생기는 보풀

물가와 바닷가의 풀꽃 친구

가늘어서 갈대일까?
갈대 | 벼과

오늘 공부하는 풀꽃은요~

● 학명 : *Phragmites australis* 9~10월에 꽃피는 여러해살이풀이에요.

줄기가 가늘어서, 또는 가을에 꽃피는 줄기라는 뜻에서 갈대라는 이름이 붙었어요. 털이 많고 솜같이 부드러운 갈대 꽃은 갈꽃이라고 줄여서 불러요. 갈대의 가녀린 몸은 어쩌면 씨앗을 멀리 퍼뜨리기 위해 스스로 바람을 불러 제 몸을 흔들게 하는 건지도 모르겠어요.

 이렇게 쓰여요

예전에는 갈대의 줄기로 발이나 자리를 엮어 방에 깔고 초가집 지붕도 이었어요. 이삭으로는 빗자루를 만들어 썼고요. 뿌리와 꽃을 약으로 쓰고, 잎으로는 '노지'라는 종이를 뜨기도 한다고 해요.

이렇게 생겼어요

곧게 서는 줄기는 대나무처럼 마디가 있고 속이 비어 있어요. 기다랗고 어긋나게 달리는 잎은 줄기를 둘러싸요. 자주색 꽃이 원뿔 모양의 꽃이삭을 만드는데, 점점 갈색을 띠어요. 열매는 털이 달린 씨앗으로 익어 바람을 타고 퍼져나가요. 땅속으로 뻗는 뿌리줄기의 마디에서 수염뿌리가 내려요.

대나무와 비슷한 모양으로 자라는 갈대

재미있는 이야기

옛날 중국에 민자건이라는 사람이 살고 있었어요. 그는 어릴 때 어머니를 여의고 새엄마 밑에서 자라게 되었어요. 그의 집에 들어온 새엄마는 두 아이를 낳았어요. 그런데 새엄마는 자기가 낳은 아이들만 귀여워하고 건은 아무렇게나 대하였어요. 추운 겨울에 건의 동생들에게는 두툼한 솜옷을 입히면서 건에게는 갈대의 이삭을 넣어 만든 옷을 입혔어요. 얇고 보잘것없는 옷을 입은 건은 추위에 오들오들 떨며 겨울을 지내야만 했어요. 그러나 마음씨 착한 건은 불평 한마디 하지 않고 묵묵히 견디었어요. 어느 날 건의 아버지가 그 사실을 알고는 크게 노하여 새엄마를 쫓아내려 하였어요. 그러자 건이 나서서 아버지를 말렸어요. 어머니는 결코 나쁜 사람이 아니며 그동안 자신을 매우 따뜻하게 돌보아주었다고 새엄마를 오히려 감싸주었어요. 건의 말을 들은 아버지는 건의 착한 마음씨에 탄복하여 새엄마를 용서하였어요. 새엄마도 건의 착하고 깊은 생각에 감동하여 자신의 잘못을 빌고 그 후부터는 동생들과 다름없이 건을 사랑했다고 해요.

비슷한 풀꽃 친구

갈대는 흔히 '억새'라는 친구와 많이 혼동해요. 억새는 주로 산비탈에 자라고 갈대는 물가에 자란다는 게 다르고, 억새는 꽃이삭이 흰색으로 부푸는 반면

갈대는 물가에서 자라지만, 억새는 주로 산비탈에서 자라요

에 갈대의 꽃이삭은 갈색으로 훨씬 더 크게 부푼다는 차이점이 있어요. 실제적으로 갈대와 거의 구별하기 어려운 친구는 '달뿌리풀'이에요. 다르다는 것조차 모른 채 같은 친구로 착각할 정도예요. 뿌리줄기가 땅속으로 뻗는

갈대와 달리 달뿌리풀은 땅 위로 기는줄기가 발달해요. 하지만 가끔 갈대의 땅속줄기가 땅 위로 나와 있는 경우가 있어서 달뿌리풀로 잘못 아는 수가 있어요. 갈대와 달뿌리풀의 가장 손쉬운 구별법은 잎이 붙어 있는 마디에 허연 털이 있는가 없는가 하는 점을 살펴보는 것이에요. 허연 털이 없으면 갈대, 있으면 달뿌리풀로 보면 맞아요.

달뿌리풀의 엉성한 꽃이삭

달뿌리풀의 기는줄기

짜디짠 갯벌에서 자라요

통통마디 | 명아주과

오늘 공부하는
풀꽃은요~

● 학명 : *Salicornia perennans* 8~9월에 꽃피는 여러해살이풀이에요.

마디가 통통하게 튀어나왔다고 해서 통통마디라는 재미있는 이름이 붙었어요. 갯벌에서 자라다 보니 맛이 몹시 짜기 때문에 '함초(鹹草)' 또는 '염초(鹽草)'라는 한자 이름으로도 불려요.

 이렇게 쓰여요

통통마디는 나물로 먹기도 하고, 음식의 간을 맞출 때 간장이나 소금 대신 쓰기도 해요. 생즙을 내어 먹으면 변비 치료나 장 청소에 좋다고 해요. 가루를 내어 쓰기도 하는데, 말린 것은 생즙보다 효과가 약하다고 해요.

이렇게 생겼어요

줄기는 마디가 많고 곧게 자라며 가지가 두 개씩 마주나요. 비늘 같은 모양의 잎이 마디 위쪽에 마주나는데, 막으로 되어 짧게 줄기를 감싸기 때문에 거의 없는 것처럼 보여요. 마디 사이의 오목한 곳에 녹색의

통통한 마디의 줄기

마디 사이에 핀 녹색 꽃

꽃이 보일 듯 말 듯 세 개씩 피어요. 열매는 납작하고 둥글며 검게 익죠. 녹색이었던 몸이 가을이면 붉게 물들어요.

재미있는 이야기

갯벌에서 사는 통통마디를 뜯어먹어 보면 바닷물처럼 짠맛이 나요. 그러나 소금처럼 쓴맛이 나면서 짠 게 아니라 약간 단맛이 나면서 짜요. 그래서 삼촌도 바닷가에 가면 습관처럼 뜯어 먹곤 해요. 통통마디는 우리 몸속에 오래도록 남아 있는 변 성분을 몸 밖으로 내보내어 장을 깨끗하게 하고 피를 맑게 하고 피부를 곱게 하는 등 여러 가지 작용을 한대요. 계절에 따라

맛이 다르고 약효도 다르다고 하니 퉁퉁마디는 모양도 그렇고 여러 모로 재미있는 친구예요. 사귀어서 나쁠 게 하나 없는 친구라고나 할까요?

비슷한 풀꽃 친구

갯벌에 가보면 비슷하게 생긴 친구들이 이웃해서 살아요. 새싹이 돋을 때나 가을에 붉게 물들었을 때 보면 구분이 잘 안 가죠. 퉁퉁마디와 가장 비슷한 친구를 꼽으라면 '**칠면초**'를 들 수 있어요. 일곱 가지 색으로 변한다고 해서 붙은 이름인 만큼 칠면초는 여러 색으로 변하는데, 가을쯤 되면 퉁퉁마디와 함께 갯벌을 붉게 수놓아요. 퉁퉁마디와 비슷한 키로 곧게 서지만 가지가 퉁퉁하지 않고 잎의 끝이 뾰족하다는 게 달라요.

퉁퉁마디와 비슷한 칠면초

칠면초는 무리지어 자라고 갯벌을 붉게 수놓아요

칠면초와 비슷한 친구는 아마 '**해홍나물**'이 될 거예요. 해홍나물은 칠면초보다 가지가 더 많이 갈라지면서 잎 수도 많고 길이도 길어요. 그래서 칠면초보다 더 크게 퍼져 자라죠. 이 친구도 가을에 붉게 물들고 또 열매를 맺게 되면 구별이 쉽지 않아요.

가을에 작은 열매가 다닥다닥 매단 해홍나물

칠면초보다 가지가 많이 갈라지는 해홍나물

해홍나물과 비슷하지만 그보다 더 크고 아름다운 '나문재'라는 친구가 있어요. 나문재는 솔잎 모양의 촘촘한 잎이 달리면서 마치 새색시가 화장을 한 것처럼 잎과 줄기에 분홍빛에 가까운 붉은색이 돌아요. 그러다가 가을이 되면 꽃이 피고 열매를 맺으면서 해홍나물과 비슷해져서 언뜻 구별이 어려워져요. 하지만 별 모양의 특이한 열매를 보면 금세 나문재라고 알아볼 수 있어요. 이렇게 비슷해 보이지만 각기 다른 개성을 갖고 있는 친구들이 짜디짠 갯벌에서 함께 살아가요.

솔잎처럼 생긴 나문재

별 모양으로 익어가는 나문재 열매

삼촌에게 질문하기

갯벌 친구들은 왜 빨간색으로 변하나요?

갯벌 식물 친구들은 소금 성분을 얼마만큼 갖고 있는가에 따라 색깔이 변한다고 해요. 즉, 계절보다는 소금 성분의 영향 때문에 색이 변한다고 볼 수 있어요. 그래서 어떤 친구는 여름에도 이미 빨갛게 변해 있고, 어떤 친구는 가을이 되어도 물들지 않고 녹색으로 남아 있기도 해요.

특이하게 살아가는 바닷가 식물
해국 | 국화과

> 오늘 공부하는 풀꽃은요~

- 학명 : *Aster spathulifolius* 7~11월에 꽃피는 여러해살이풀이에요.

바닷가에 피는 국화라고 해서 해국(海菊)이라고 해요. 갈라진 바위틈 같은 곳에 뿌리를 내린 채 세찬 바닷바람 맞으며 피어 있는 모습을 보면 강한 것이 아름답다는 말이 정말 실감나요.

 이렇게 쓰여요

해국의 어린순을 나물로 먹을 수 있다고 해요. 해국은 꽃이 예쁜 데다가 꽃피는 기간이 길어서 많은 연구를 한 끝에 화분에서도 기를 수 있는 방법이 최근에 개발되었다고 해요.

이렇게 생겼어요

줄기는 비스듬히 자라고 가지가 많이 갈라지면서 길게 늘어지기도 해요. 주걱 모양의 잎이 어긋나게 달리는데, 아래쪽에서는 모여서 난 것처럼 보여요. 잎 양면에 털이 잔뜩 나 있고 만져보면 소의 귀를 만지는 것처럼 두껍게 느껴져요. 흰색, 보라색, 또는 그 중간 정도 되는 연보라색 꽃이 피어요. 꽃이 지면 갈색 털이 달린 열매가 맺히죠. 뿌리는 바위틈에 깊게 자리 잡아요.

소의 귀처럼 두꺼운 잎을 가진 해국

재미있는 이야기

해국은 풀꽃 친구지만 나무 친구처럼 줄기가 겨울에도 죽지 않고 살아가는 모습을 보이는 특이한 친구예요. 그래서 줄기의 밑부분이 나무처럼 단단해지는 것을 관찰할 수 있어요. 줄기가 긴 것은 아래쪽

바닷가 바위틈에 피어난 해국

으로 치렁치렁 늘어지기도 해요. 게다가 잎이 무척 두껍고 털이 잔뜩 나 있어서 겨울 추위에도 잘 견딜 수 있게끔 생겼어요. 환경이 험한 바닷가에서 살다 보니 스스로 강해지기 위해 그렇게 변했나 봐요. 만약 그렇게 되지 않았다면 오늘날의 해국은 없었을지 몰라요.

비슷한 풀꽃 친구

해국처럼, 산이나 들에 사는 친구가 바닷가에서 조금 다른 모습으로 사는 경우가 있어요. '갯완두'가 그러하죠. 완두콩 닮은 열매가 맺히는 데다가 바닷가 쪽에 산다는 뜻의 '갯'자를 붙인 이름이에요. 나비 모양의 보라색 꽃이 참 아름답게 피고 잎 뒷면이 분칠한 것처럼 흰빛이 도는 특징이 있어요.

갯완두의 보라색 꽃

완두콩을 닮은 갯완두 열매

셋째 마당

논과 밭의 풀꽃 친구

뿌리의 맛으로도 알 수 있죠

도라지 | 초롱꽃과

오늘 공부하는 풀꽃은요~

● 학명 : *Platycodon grandiflorus* 7~9월에 꽃피는 여러해살이풀이에요.

돌밭에서 돋아나는 풀이라 하여 '돌+아지'라고 하던 것이 도라지가 되었다고 해요. 약재로 쓰일 때에는 '길경(桔梗)'이라는 이름으로도 불리는데, '귀하고 길한 뿌리가 곧다'라는 뜻이라고 해요.

 이렇게 쓰여요

주로 물에 담가 쓴맛을 우려낸 후 양념해서 무쳐 먹죠. 기침 나고 가래가 끓을 때, 말린 도라지 뿌리를 달여 먹기도 해요. 도라지 겉껍질에 영양분이 많이 들어 있으므로 되도록 많이 벗겨내지는 말고 깨끗이 씻어서 쓰는 것이 좋다고 해요.

이렇게 생겼어요

줄기는 가지를 치지 않아요. 아래쪽의 잎은 마주나게 달리지만 위쪽에 달린 잎은 어긋나게 달리거나 세 장이 돌려서 나요. 잎과 줄기를 자르면 흰 액이 나오죠. 보라색 또는 흰색으로 된 종 모양의 꽃이 피어요. 꽃잎이 다섯 장이라 별 모양 같기도 하죠. 암술머리가 다섯 개로 갈라지는데, 도라지는 같은 꽃 속의 암술과 수술이 만나지 못 하도록 하기 위해서 수술이 자취를 감추고 난 뒤에야 암술이 머리를 내밀어요. 열매는 달걀 모양이고 여물면 다섯 쪽으로 갈라져요. 그 안에 검은빛의 씨가 들어 있어요. 땅 속에 박혀 있는 덩이뿌리는 오래될수록 굵어져요.

(위) 암술머리가 다섯 개로 갈라진 도라지
(아래) 도라지의 뿌리덩이

재미있는 이야기

옛날 어느 마을에 남매가 살고 있었는데, 여동생의 이름이 도라지였어요.

도라지는 오빠가 10년 안에 돌아오기로 약속하고 공부하러 중국으로 가자 절에서 기다리기로 했어요. 그러나 10년이 지나도 오빠는 돌아오지 않았어요. 하여 도라지는 깊은 산 속으로 들어가서 혼자 지냈어요. 세월이 흘러 도라지는 할머니가 되었어요. 하루는 높은 산에 올라가서 바다를 바라보며 생각하였어요. '지금이라도 오빠가 돌아오면 얼마나 좋을까...' 그때 갑자기 등 뒤에서 "도라지야!" 하는 소리가 들렸어요. 깜짝 놀란 도라지는 뒤를 돌아보다가 그만 발을 헛디뎌서 절벽에서 떨어져 죽고 말았어요. 그 후 그 자리에 한 송이 꽃이 피어났고, 사람들은 그 꽃을 도라지 꽃이라고 불렀어요.

비슷한 풀꽃 친구

향기로운 내가 나는 도라지의 뿌리는 약간 쓰면서도 아린 맛이 나요. 양념을 해서 무쳐먹으면 향긋한 냄새와 함께 약간 맵자한 맛이 목구멍까지 전해지죠. 도라지와 비슷하지만 특별한 향도, 아무 맛도 나지 않는 뿌리를 가진 친구가 있어요. '잔대'라고 해요. 꽃이 도라지의 꽃과 닮았지만 크기가 작은 꽃을 피운다는 차

도라지와 비슷하나 작은 꽃을 피우는 잔대

이점이 있어요. 잔대는 비슷한 친구가 많은 편이에요. 그런가 하면 뿌리와 줄기에서 향긋한 내가 나고 맛도 아주 좋은 친구가 있어요. '더덕'이라고 해요. 더덕은 근처만 가도 알 수 있을 정도로 독특한 내를 풍겨요. 네 장의 잎이 모여서 달리고 덩굴지면서 자라는 특징이 있어요. 연녹색의 종 모양 꽃이 밑을 향해서 피는데, 꽃잎 안쪽에 짙은 갈색 반점이 보여요. 양념해서 은은한 불에 구워먹는 더덕구이의 맛은 아마 도라지도 울고 갈 거예요. 뿌리만 모아놓으면 어떤 게 어떤 건지 헷갈리지만 맛을 알면 얼마든지 구분할 수 있는 친구들이에요.

독특한 향기를 풍기는 더덕 꽃

맛도 향도 일품인 더덕 뿌리

고소한 냄새가 나요
참깨 | 참깨과

오늘 공부하는 풀꽃은요~

● 학명 : *Sesamum indicum* 7~8월에 꽃피는 여러해살이풀이에요.

보통 깨라고 하면 참깨를 말해요. 깨 중에서도 '진짜 깨'라는 뜻으로 참깨라고 하는 걸 거예요. 고소하기로 따지면 참깨만한 게 어디 있으려고요. 어떤 일에 대한 재미가 좋을 때 쓰는 '깨가 쏟아진다'는 말에서처럼 참깨는 우리에게 고소한 즐거움을 가져다주는 친구죠.

 이렇게 쓰여요

볶아서 깨소금으로 먹거나 참기름을 짜서 먹기도 해요. 기름을 짜고 남은 찌꺼기를 깻묵이라고 해서 가축의 먹이나 식물의 거름, 물고기의 미끼 등으로 써요. 해독 작용이 있고, 비타민E가 많아서 혈관을 깨끗하게 해준다고 해요.

이렇게 생겼어요

네모진 줄기는 곧게 자라요. 아래쪽의 잎은 대개 마주나는데, 위쪽의 잎은 어긋나게 달리기도 하면서 서로 다른 모양이 되죠. 줄기와 잎에 흰 털이 빽빽이 나고, 몸 전체에서 고소한 냄새가 나요. 종 모양의 연한 분홍색이 도는 꽃이 줄줄이 피며, 짧은 기둥 모양의 열매는 익으면 네다섯 쪽으로 갈라져요. 그걸 말렸다가 털어내면 참깨를 얻을 수 있는 거죠.

기둥 모양의 참깨 열매

재미있는 이야기

참깨는 아라비안나이트의 '알리바바와 40인의 도적'이라는 오래된 이야기에 등장하는 친구예요. 동굴의 문을 열게 하는 "열려라, 참깨!"라고 하는 주문에 나오죠. 그런데 그 많은 곡물 중에서 왜 하필 참깨가 주문에 쓰였을까요? 참깨는 음식에 맛을 더해주기도 하지만 잘 썩지 않게 하는 성질이 있어서 미이라에도 사용했을 정도로 아주 귀하게 쓰였대요. 게다가 꼬투리가 갈라져 터지면서 참깨의 씨앗이 나오는 모습을 보고 아마도 그런 주문을 만들어 냈을 것이라고 해요. 여러분 같으면 어떤 곡물을 주문에 썼을까요?

비슷한 풀꽃랑 친구

참깨와 가장 절친한 친구는 '들깨'예요. 들깨는 씨앗으로 기름을 짜서 먹기도 하고 가루를 내어 여러 가지 탕이나 국 종류에 넣어 먹기도 해요. 흔히 깻잎이라고 해서 생선회를 싸 먹거나 장아찌를 만들어 먹는 게 바로 들깨의 잎이에요. 참깨보다 작은 흰색의 꽃을 피우고, 잎은 녹색이지만 간혹 뒷면에 자줏빛이 돌기도 해요. 잎 뒷면과 앞면은 물론이고 몸 전체가 자줏빛을 띠는 친구는 '차조기'라고 해요. '차즈기'라고도 하죠. 약으로 쓰기 위해 들여온 친구예요. 참깨와 마찬가지로 들깨나 차조기한테서도 강한 향기가 나요.

깨도 먹고 잎도 먹는 들깨

잎에 자줏빛이 도는 차조기

호박꽃도 꽃이에요
호박 | 박과

오늘 공부하는 풀꽃은요~

● 학명 : *Cucurbita moschata*   6~10월에 꽃피는 한해살이풀이에요.

박을 닮았고, 또 오랑캐로부터 전해졌다 하여 오랑캐 호(胡)자를 써서 호박이 되었을 것이라고 해요. 먹기 위해 심다 보니 황금색으로 피는 꽃을 감상할 기회도 적고 우리 주위에 흔한 친구이기 때문에 더욱 관심을 주지 못하는 게 아닌가 싶어요.

 이렇게 쓰여요

애호박은 반찬으로 먹고 늙은 호박은 서리가 내리기 전 따서 약으로 쓰거나 죽을 쒀서 먹어요. 감기에 걸렸을 때 호박을 쪄서 먹으면 피로를 풀어주고 지친 체력을 회복시켜 주는 작용을 한다고 해요.

논과 밭의 풀꽃 친구

이렇게 생겼어요

5각이 지는 줄기에는 털이 많이 나 있어요. 땅 위를 기어가거나 덩굴손으로 다른 친구를 감고 올라가면서 자라요. 심장 모양의 잎은 어긋나게 달리는데, 다섯 갈래로 얕게 갈라져요. 종처럼 생긴 황색의 꽃이 암꽃과 수꽃으로 나뉘어서 피는데, 암꽃에는 어린 호박이 달려 있어서, 그렇지 않은 수꽃과 구분할 수 있어요. 처음에는 녹색이던 열매가 익으면 누렇게 되거나 불그스름해져요.

호박의 수꽃

호박의 암꽃에 달린 어린 호박

재미있는 이야기

호박에 관해서는 여러 가지 재미있는 말들이 많이 있어요. 그 중 '호박꽃도 꽃이냐? 호박에다 줄긋는다고 수박 되냐?'라고 하는 말이 있죠. 호박꽃과 호박을 모두 얕잡아본 말들이에요. 사실 샛노란 호박꽃을 가만히 들여다 본 사람이라면 그 어느 꽃 못지않게 예쁘다는 사실을 알 수 있어요. 그럼에도 미운 말을 듣는 이유는 뭘까요? 그건 아마 호박꽃이 해가 뜨면 금세 시들어버리기 때문에 볼품없어 보일 때가 많아서 그럴 거예요. 하지만 호박에 관해서 나쁜 말만 있는 것은 아니죠. 뜻밖에 재물을 얻었을 때, 우리는 '호박이 넝쿨째 들어온다.'라는 말을 써요. 호박은 열매도 열매지만 잎도 쌈으로 먹기 때문에 버릴 게 없으니 넝쿨째 들어오면 좋을 수밖에요. 여러분도 친구의 어느 한 면만을 보지 말고 여러 면을 볼 줄 아는 눈을 가졌으면 좋겠어요.

비슷한 풀꽃 친구

호박 중에는 밤맛이 난다고 하여 밤호박이라고도 하는 '**단호박**'이 있어요. 또 호박과 비슷한 잎을 가진 친구로 '**오이**'를 들 수 있어요. 호박보다 크기가 조금 작은 오각형의 잎이 뻣뻣한 느낌을 줘요. 작고 노란 꽃을 피워요. 이름에 오이가 들어가지만 오이랑 잎만 비슷하지 별로 친한 사이는 아닌 '**수세미오이**'라는 친구도 있어요. 열매를 수세미로 썼기 때문에 붙은 이름이에요. 잎과 열매에서 좋지 않은 냄새가 나긴 하지만 수세미오이는 화장품의 재료로도 이용하는 친구예요. 호박 같기도 하고 참외 같기도 한 열매를 만드는 재미난 친구가 있어요. '**하늘타리**'라고 하죠. 높은 곳에 매달린다고 해서 붙은 이름이에요. 머리를 풀어헤친 듯한 하얀 꽃부터가 특이한 친구죠. 삼촌의 어머니는 예전에 귀뚜라미 들어오지 말라고 하늘타리의 노란 열매를 부엌에 매달아두었다고 해요. 열매의 속은 씨앗과 함께 카레처럼 노란 것으로 채워져 있는데, 약간 느끼한 맛이 나요.

오이의 잎과 작은 꽃

수세미오이의 잎과 꽃

하늘타리의 꽃과 잎

하늘타리 열매의 단면

우산대신 써도 돼요
토란 | 천남성과

오늘 공부하는 풀꽃은요~

● 학명 : *Colocasia esculenta*   8~9월에 꽃피는 여러해살이풀이에요.

 이렇게 쓰여요

토란의 덩이줄기와 잎자루를 먹어요. 하지만 독성이 있어서 우려내고 먹어야 해요. 잎자루인 토란대는 껍질을 벗겨서 국에 넣어 먹거나 볶아 먹기도 해요. 뱀에 물렸을 때나 벌에 쏘였을 때 식물 전체를 찧어서 상처 난 부위에 붙이면 좋다고 해요.

흙 속의 알이라는 뜻의 한자로 토란(土卵)이라고 해요. 땅속의 덩이줄기가 알처럼 생겼거든요. 잎이 연잎처럼 퍼졌다고 해서 '토련(土蓮)'이라고도 하고요. 비교해 보면 정말 연꽃 잎과 많이 닮았어요.

논과 밭의 풀꽃 친구

이렇게 생겼어요

땅 속의 덩이줄기는 굵고, 곁에 작은 알갱이들이 많이 생겨요. 방패 모양의 잎이 여러 장 모여서 나는데, 물에 거의 젖지 않아서 물방울이 있으면 또르륵하고 굴러 떨어져요. 잎자루를 보통 토란대라고 해요. 바나나 껍질처럼 생긴 연한 노란색의 덮개 안에 꽃차례가 달리는데, 위쪽에 황색의 수꽃이 달리고 아래쪽에 연녹색의 암꽃이 달려요. 열매는 잘 맺지 못 한다고 해요.

위쪽에 수꽃이 달리고 아래쪽에 암꽃이 달려요

물방울이 굴러다니는 토란의 잎

옆에서 보면 바나나처럼 생긴 토란 꽃

재미있는 이야기

토란의 잎은 물이 닿으면 그대로 굴러 떨어져요. 그래서 삼촌이 어렸을 적에는 토란잎을 우산 대신 쓰고 다녔던 기억이 나요. 집에 가야 하는데 아침에 우산을 안 갖고 왔으면 얼른 토란밭으로 뛰어들어 토란 줄기를 꺾어 얼굴만 가린 채 집으로 오곤 했죠.

천남성과의 친구들이 대개 그러하듯 토란도 독을 갖고 있어요. 토란의 독 성분을 없애려면 쌀뜨물이 최고로 좋다고 해요. 그러므로 우선 쌀뜨물에 소금과 토란을 넣고 팔팔 끓여요. 그런 후에는 쌀뜨물을 버리고 물과 식초를 섞어 담가두거나 다시마를 넣고 조리하면 된다고 해요.

비슷한 풀꽃 친구

토란이 없을 때 우산이 되어준 친구가 또 있어요. 바로 '**아주까리**'예요. 어른들은 '**피마자**'라고 하는 일본식 이름으로 더 잘 기억하실 거예요. 아주까리 씨앗에서 짠 기름을 피마자라고 해서 머리에 발랐거든요. 비는 오는데 우산은 없고 토란잎마저 눈에 띄지 않으면 넓적하고 커다란 손바닥 모양의 아주까리 잎 밑에 숨어서 비를 긋곤 했어요. 아주까리는 키가 2미터 정도나 자라기 때문에 밑에 숨어 있기가 좋았어요. 꽃대를 잘 보면 기다란 붉은 깃털 모양의 암꽃이 위쪽에 달리고 부푼 연두색 솜사탕 모양의 수꽃이 아래쪽에 달리는 걸 볼 수 있어요. 이름에 아예 우산이 들어가는 '우산나물'이라는 친구도 있어요. 이 친구는 잎의 모양이 정말로 우산같이 넓적하게 생겼어요. 아주까리의 잎만큼 커다란 잎을 가진 우산나물을 보기는 했지만 워낙 중간 중간에 새가 뜬 친구라 비를 잘 막아줄 것 같지는 않아요.

손바닥 모양의 넓은 잎을 가진 아주까리

위쪽에는 암꽃, 아래쪽에는 수꽃이 달려요

우산 모양의 잎을 가진 우산나물

오늘 공부하는 풀꽃은요~

쌀나무가 아니에요
벼 | 벼과

● 학명 : *Oryza sativa* 7~8월에 꽃피는 한해살이풀이에요.

"쌀은 어디에서 날까요?" 하고 물으면 도시에서 살아온 친구들은 "쌀나무!"라고 엉뚱한 답을 하기 쉬워요. 하지만 쌀은 논에 심은 벼에서 가을에 수확하는 거예요. 지방에서는 벼를 '나락'이라고도 해요.

 이렇게 쓰여요

쌀로 밥을 지어 먹거나 떡을 해서 먹는다는 건 잘 알거에요. 요즘은 쌀을 가루로 내어 밀가루대신 국수나 빵의 재료로 쓰기도 해요.

논과 밭의 풀꽃 친구

이렇게 생겼어요

줄기는 곧게 포기를 이루는데, 속이 비어 있어요. 긴 칼 모양의 잎을 만져보면 앞면이 깔깔해요. 연한 녹색의 꽃이 피고 바람에 의해 꽃가루받이가 일어나면 열매가 맺히고, 그게 바로 쌀이 되는 거죠.

추수가 시작된 논의 벼

꽃이 핀다는 말보다 이삭이 팬다는 말을 주로 써요. 꽃이삭은 처음에 곧게 서지만 벼가 누렇게 익어갈수록 고개를 숙여요. 볏과 친구의 대표적인 친구답게 수염뿌리가 달렸어요.

재미있는 이야기

벼를 잘 모르겠다 싶은 친구들은 50원짜리 동전의 뒷면을 한번 보세요. 거기에 그려진 그림이 바로 벼이삭이죠. 우리나라가 쌀을 주로 먹는 나라이기 때문에 벼농사의 풍년을 기원하고자 그림의 소재로 사용하게 되었대요. 그림을 잘 보면 벼가 고개를 살짝 숙인 모습을 볼 수 있는데, 벼이삭은 익을수록 점점 낟알이 무거워지기 때문에 그런 거예요. 벼는 익을수록 고개를 숙인다는 속담이 거기서 나왔어요. 훌륭한 사람일수록 겸손하다는 뜻이에요. 우리 주변에는 잘 알지도 못 하면서 나서기 좋아하고 설치기만 하는 친구들이 있어요. 하지만 정말로 실력 있고 아는 게 많은 친구들이라면 묵묵히 자기 일에 최선을 다해요. 아마도 익어가는 벼가 가르쳐주는 교훈쯤은 이미 잘 알고 있는 친구들일 거예요.

길가에서 볍씨 말리는 모습

비슷한 풀꽃 친구

벼는 익을수록 고개를 숙이지만 아무리 익어도 고개를 숙일 줄 모르는 당돌한 친구가 있어요. '보리'가 그러하죠. 보리는 늦가을에 씨를 뿌려 겨울을 지내고 초여름에 베어요. 먹을 게 많지 않았던 옛날에는, 지난 가을에 거둬들인 양식은 바닥나고 심어놓은 보리는 미처 여물지 않은 5~6월경이면 풀뿌리나 나무껍질을 먹어가며 배고픔을 달래야 했는데 그것이 산을 넘는 것처럼 힘들다고 해서 그 시기를 보릿고개라고 했어요.

푸른빛의 보리

가지가지 여러 가지
가지 | 가지과

오늘 공부하는 풀꽃은요~

● 학명 : *Solanum melongena*   6~10월에 꽃피는 한해살이풀이에요.

'가(茄)'라는 한자에서 유래한 '가자(茄子)'라는 이름이 가지로 변한 것이라고 해요. 처음에 녹색이던 몸이 점점 보랏빛을 띠며 변해가는 친구예요.

이렇게 쓰여요

가지는 나물로 볶아먹거나 냉국으로 먹어요. 약간의 독성 때문에 생으로는 잘 먹지 않지만 삼촌은 어렸을 때부터 지금까지 날 것으로 먹어도 아무 탈 없었어요. 가지는 열을 내리게 하는 작용이 있고, 잇몸과 입안의 염증을 치료할 때 약으로도 쓴다고 해요.

이렇게 생겼어요

곧게 자라는 줄기는 위에서 가지를 치며 진한 자줏빛이 돌고 털이 나 있어요. 넓적한 달걀 모양의 잎이 어긋나게 달려요. 별 모양으로 생긴 연한 자주색 꽃이 아래를 보고 피어요. 꽃이 지면 윤기가 나는 진한 자주색 열매가 약간 비틀어진 방망이 모양으로 늘어져 달려요.

별 모양으로 생긴 가지의 꽃

방망이처럼 생긴 가지 열매

재미있는 이야기

옛날에 방귀를 잘 뀌는 며느리가 있었어요. 그 며느리는 방귀를 막으려고 잠을 잘 때마다 항문에 가지를 끼워두곤 했죠. 그러던 어느 날, 도둑이 그 집에 들어와 부엌에 있는 가마솥을 훔쳐가려고 했어요. 바로 그때, 며느리 뱃속에서 부글부글 끓던 방귀가 한순간에 터져 나와 가지를 뻥하고 날려버렸어요. 가지가 벽에 부딪치는 소리에 깜짝 놀란 도둑은 솥을 팽개친 채 그

논과 밭의 풀꽃 친구

대로 달아나고 말았어요. 며느리의 방귀가 도둑을 막은 거였죠. 하지만 방귀 냄새는 얼마나 지독했을까요?

비슷한 풀꽃 친구

열매가 달걀 모양으로 생겼고 백색을 띠는 친구를 '백가지'라고 해요. 백색이던 열매가 익으면 노란색으로 변하는 특징이 있죠. 산에서 사는 친구 중에도 가지라는 이름이 붙은 친구가 있어요. '도깨비가지'가 그러해요. 꽃은 비슷하게 생겼지만 크기가 작고, 몸에 가시가 잔뜩 나 있어요.

백가지의 보라색 꽃과 열매

흰색이었다가 노란색으로 익는 열매

가지보다 작은 도깨비가지

강낭콩 | 콩과
강남에서 온 친구예요

오늘 공부하는 풀꽃은요~

• 학명 : *Phaseolus vulgaris var. humilis* 6~10월에 꽃피는 한해살이풀이에요.

중국의 강남에서 온 콩이라 하여 강남콩이라고 부르던 것이 변해 강낭콩이 되었어요. 우리나라 한강 남쪽을 강남이라고 하는 것처럼 중국의 양자강(양쯔강) 남쪽도 강남이라고 불러요. 지금은 강남콩 대신 강낭콩을 표준어로 삼아요.

 이렇게 쓰여요

강낭콩은 주로 밥에 넣어 먹거나 반찬으로 먹어요. 잎과 줄기는 가축에게 먹이죠.

논과 밭의 풀꽃 친구

이렇게 생겼어요

줄기는 곧게 서고 마름모에 가까운 달걀 모양의 잎이 세 장씩 어긋나게 달려요. 나비 모양의 꽃이 흰색, 붉은색, 보라색, 노란색 등 여러 가지 색으로 피어요. 기다랗게 달리는 열매를 꼬투리라고 하는데, 둥글거나 타원형 모양의 씨앗이 들어 있어요. 종류에 따라 씨앗의 색깔이 여러 가지예요.

어린뿌리가 생긴 강낭콩(발아)

본 잎이 나온 강낭콩

재미있는 이야기

초등학교 4학년이면 강낭콩의 한살이에 대해 배우게 돼요. 예습 겸 복습 한번 해볼까요? 일단 강낭콩의 씨앗을 땅에 심어요. 이때 너무 깊이 심으면 싹이 나지 않을 수도 있으니까 1센티미터 정도 깊이로 묻어주든가 흙을 살짝 덮어주는 게 좋아요. 씨앗이 물기를 빨아들이게 되면 싹이 트면서 어린 뿌리가 생겨나요. 곧바로 떡잎이 올라오는데 이 떡잎에는 싹이 자랄 수 있게끔 해주는 영양분이 많이 들어 있어요. 떡잎 사이에서 본잎이 나오면 광합성을 할 수 있기 때문에 잎과 가지가 점점 많아져요. 그 다음에는 꽃이 피죠. 꽃이 지고 나면 기다란 열매가 맺혀요. 그 꼬투리 안에 또 다른 강낭콩의 씨앗이 들어 있어요. 그것을 심으면 새로운 강낭콩이 되는 거죠.

꼬투리가 생긴 강낭콩

비슷한 풀꽃 친구

같은 강낭콩이기는 한데 덩굴지면서 다른 친구를 타고 올라가서 꽃피우고 열매 맺는 친구가 있어요. '**덩굴강낭콩**'이라고 하죠.

덩굴져 자라는 덩굴강낭콩

덩굴지면서 붉은 꽃을 피우는 붉은강낭콩

논과 밭의 풀꽃 친구

같은 덩굴성의 강낭콩이지만 아름다운 붉은색의 꽃을 피우는 친구는 '붉은강낭콩'이라고 해요. 붉은강낭콩은 열매도 열매지만 붉은색 꽃을 보기 위해 심기도 해요. 그런가 하면 차의 재료를 얻기 위해 심는 '긴강남차'라는 친구도 있어요. '결명차'라는 이름으로도 불리죠. 이 친구의 씨앗을 '결명자'라고 하여 눈을 밝게 해주는 차로 달여 마시거나 약으로 써요.

긴강남차의 노란꽃

긴강남차(결명차)

매워도 영양만점
고추 | 가지과

오늘 공부하는 풀꽃은요~

● 학명 : *Capsicum annuum*   6~8월에 꽃피는 한해살이풀이에요.

요즘은 주로 '쓰다'는 뜻의 고(苦)자를 옛날에는 '맵다'는 뜻으로 썼대요. 그래서 '매운 풀'이라는 뜻의 '고초(苦草)'라고 부르던 것이 변해서 오늘날의 고추가 되었다고 해요. 후추처럼 매운맛이 난다고 해서 '신초(辛草)'라고도 불리곤 해요.

 이렇게 쓰여요

어린잎은 나물로 먹고 풋고추는 된장 등에 찍어 먹어요. 고추는 위액을 잘 나오게 해서 입맛을 돋우어준다고 해요. 빨갛게 익은 고추는 말려서 빻아 고춧가루를 만들어요. 고추에는 비타민C가 사과의 50배나 들어 있다고 하니 매워도 영양은 만점이죠.

논과 밭의 풀꽃 친구

이렇게 생겼어요

곧게 서는 줄기는 가지를 많이 치기 때문에 긴 막대에 줄로 붙들어 매어 기르는 경우가 많아요. 잎은 넓은 버들잎 모양으로 어긋나게 달리고 잎자루가 길어요. 다섯 장의 꽃잎을 가진 흰색 꽃이 아래를 보고 피어요. 기다랗게 자라나는 열매는 처음에 녹색이었다가 점점 붉게 익어요.

파랗고 빨간 고추 열매 　　　　　햇볕에 말린 고추를 '태양초'라고 해요

재미있는 이야기

고추는 임진왜란 때 왜군이 조선 사람을 독한 고추로 독살하려고 가져왔지만 이로 인하여 오히려 한민족이 고추를 즐기게 되었다는 이야기가 있어요. 그러나 일본의 여러 책에는 그것과 반대로 임진왜란 때 한국에서 일본으로 전해진 것으로 기록되어 있다고 해요.

고추의 붉은색은 나쁜 귀신을 물리치는 뜻으로 쓰여 왔어요. 예를 들어,

아기를 낳으면 대문 앞에 금줄이라는 것을 걸어놓는데, 거기에 숯이나 솔가지와 함께 붉은 고추를 매달기도 해요. 붉은 고추는 사내아이를 뜻하기도 하지만 나쁜 기운으로부터 아기를 보호한다는 뜻이 담겨 있기도 한 거예요.

비슷한 풀꽃 친구

고추는 워낙 비슷한 친구가 많아요. 그 중 고추의 모양이 꽃처럼 예쁜 '꽃고추'가 있어요. 꽃고추는 열매를 보기 위해 화분에 심어 기르기 때문에 '화초고추'라고도 하고, 고추가 하늘을 향해 달리기 때문에

다양한 색깔의 꽃고추

'하늘고추'라고도 하고, 여러 가지 색이 있어서 '오색고추'라고도 하는 등 별명이 많아요.

넷째 마당

화단과 화분의 풀꽃 친구

끈끈이가 달렸어요
끈끈이대나물 | 석죽과

오늘 공부하는 풀꽃은요~

● 학명 : *Silene armeria* 6~8월에 꽃피는 한두해살이풀이에요.

줄기의 마디가 대나무같이 생겼고 윗부분에 있는 마디 밑에서 끈끈한 진이 나와서 끈끈이대나물이라고 해요. 주로 화단에 심지만 자연적으로 들로 퍼져 나가 자라기도 해요.

 이렇게 쓰여요

끈끈이대나물은 약으로 쓰기도 하지만 대개는 꽃을 보기 위해 심어요. 꽃이 여러 송이 달리기 때문에 한두 포기 심어도 괜찮고, 여러 포기 심어서 무리지어 피어난 모습을 보는 것도 좋아요.

이렇게 생겼어요

줄기는 분칠을 한 것처럼 흰빛이 도는데, 윗부분의 마디 밑에서 끈적끈적한 갈색의 진이 나와요. 거기에 개미나 하루살이 같은 작은 곤충이 잡혀 있기도 해요. 긴 타원 모양의 잎이 마주나게 달리며 잎자루는 없어요. 다섯 장의 꽃잎으로 된 진한 분홍색의 꽃이 여럿 모여서 달려요. 꽃잎 끝부분이 오목하게 들어가면서 살짝 둘로 갈라져요. 드물게 흰색 꽃이 핀다고도 해요. 열매는 타원형으로 익어요.

끈끈이가 있는 끈끈이대나물 　　　　끈끈이가 없는 끈끈이대나물

재미있는 이야기

이름에도 나와 있듯이 끈끈이대나물의 가장 큰 특징은 갈색의 끈끈이가

마디에 있다는 거예요. 작은 곤충들의 경우는 한번 붙으면 도망가지 못 하죠. 그런데 잘 살펴보면 이 끈끈이가 없는 친구가 있기도 해요. 분명히 끈끈이대나물이 맞는데도 말이에요. 이유를 정확히 알 수는 없지만 자라는 환경에 따라 잠시 없을 수도 있다고 해요. 그렇다면 끈끈이가 없는 친구를 과연 끈끈이대나물이라고 부를 수 있을까요? 단팥이 들어 있지 않는 빵을 단팥빵이라고 부를 수는 없을 텐데 말이에요. 그냥 '대나물'이라고 부르면 되지 않냐고요? 아니에요, 대나물이라고 부르는 친구는 따로 있어요.

비슷한 풀꽃 친구

마디가 대나무를 닮은 친구는 사실 끈끈이대나물보다 '대나물'이 선배예요. 주로 바닷가 근처 산기슭에 살면서 자잘한 흰색의 꽃을 촘촘히 모아서 피워요. 꽃이 피지 않으면 눈에 잘 띄지 않는 친구예요.

마디가 대나무를 닮은 대나물

하얗게 핀 대나물의 꽃

나무가 아니라 풀꽃이에요

작약 | 미나리아재비과

오늘 공부하는 풀꽃은요~

● 학명 : Paeonia lactiflora 5~6월에 꽃피는 여러해살이풀이에요.

가슴이나 배에 갑자기 심한 통증을 일으키는 병을 '적'이라고 해요. 그 '적을 그치게 하는 약'이라는 뜻의 '적약'이라는 이름에서 작약이 유래되었다고 해요. 꽃 모양이 크고 풍성한 것이 함지박 같다 하여 '함박꽃'이라고도 불려요. 함지박은 통

 이렇게 쓰여요

작약은 꽃을 즐기기 위해 심지만 뿌리는 여러 증상에 약으로 쓰기도 해요. 통증을 멎게 한다거나 피가 흐르는 것을 멎게 할 때에도 쓰고 대소변이 잘 나오게 할 때도 써요. 그래서 가정에서는 작약을 화분에 심어놓고 급할 때 쓰는 약으로 이용하기도 했어요.

화단과 화분의 풀꽃 친구

나무의 속을 파서 만든 커다란 바가지 같은 그릇을 말하는데, 줄여서 '함지' 또는 '함박'이라고 해요.

이렇게 생겼어요

줄기는 곧게 서서 자라며 가지를 쳐요. 쪽잎으로도 불리는 작은잎이 어긋나게 달리는데, 세 갈래로 깊게 갈라져요. 땅에서 돋는 새순이 검붉은 색을 띠어요. 붉은 보라색 또는 흰색의 꽃이 비교적 크게 피는데, 여러 종류가 있어요. 열매는 밤색으로 여물고 윤기가 나는 검은 밤색의 씨가 들어 있어요. 고구마 비슷하게 생긴 가늘고 긴 덩이뿌리가 땅 속에 달리죠.

검붉은 색으로 돋는 작약의 새순

작약의 덩이뿌리

꽃봉오리가 다 벌어지지 않은 꽃

재미있는 이야기

작약은 흔히 목단이라고 불리는 '모란'과 많이 닮았어요. 서로 비슷하지만 모란은 나무 친구고 작약은 어디까지나 풀꽃 친구예요. 그래서 모란은 꽃이 지고 난 후에도 잎을 매단 가지를 볼 수 있는 반면에 작약은 꽃이 지고 나면 금세 잎과 줄기가 시들어버리는 차이점이 있어요. 꽃이 피는 시기도 달라서 작약은 모란보다 나중에 피어요. 즉, 모란이 시들어갈 즈음에 작약이 막 피어나기 시작하는 거죠.

목단이라고도 부르는 모란은 나무예요

특이한 모양의 모란 열매

거기에는 다음과 같은 이야기가 전해져요. 옛날에 어떤 공주가 사랑하는 왕자를 먼 나라의 싸움터로 보내고 혼자서 살고 있었어요. 공주는 이제나 저제나 왕자가 돌아오기만을 기다리며 살았어요. 그러나 왕자는 좀처럼 돌아오지 않았어요. 그로부터 수많은 세월이 지난 어느 날, 눈 먼 악사 한 사람이 대문 앞에서 노래를 불렀는데, 그 노래는 왕자가 공주를 그리워하다가 마침내 죽어서 모란 꽃이 되어 머나먼 다른 나라에서 살고 있다는 것이었어요. 공주는 마음을 굳게 먹고 악사의 노래가 시키는 대로 머나먼 나라로 찾아가 모란 꽃으로 변해 버린 왕자 곁에서 열심히 기도를 드렸어요. 사랑하는 왕자의 곁을 떠나지 않게 해달라고... 공주의 정성은 마침내 하늘을 감동시켰어요. 그리하여 공주는 작약 꽃으로 변하여 왕자의 화신인 모란 꽃과 같이 지내게 되었어요. 모란이 피고 나면 으레 작약이 따라 피는 것이 바로 이 전설 때문이라고 해요.

비슷한 풀꽃 친구

같은 종류일지라도 꽃잎이 여러 겹으로 되어 있는 친구한테는 '**겹**' 자를 붙여서 불러요. 작약한테도 '**겹작약**'이라고 부르는 친구가 있죠. 꽃잎이 너무 많아 셀 수도 없어요. 작약은 그 외에도 여러 종류의 친구가 있어요.

겹꽃으로 피는 겹작약

코스모스 | 국화과

가을에만 피지 않아요

오늘 공부하는 풀꽃은요~

● 학명 : *Cosmos bipinnatus* 6~10월에 꽃피는 한해살이풀이에요.

질서, 조화를 뜻하는 그리스어 'kosmos'에서 이름이 유래되었다고 해요. 바깥쪽 꽃잎이 질서 있게 자리한 모습이 조화롭게 보여요. 북한에서는 코스모스를 '살사리꽃'이라는 정겨운 이름으로 부른대요. 바람이 불 때마다 한들거리는 모습이 살살거리는 모습으로 보이는가 봐요.

 이렇게 쓰여요

코스모스는 대개 꽃을 보기 위해 심어요. 눈이 충혈되거나 붓고 아플 때 코스모스의 줄기와 잎을 달여 먹으면 효과가 있다고 해요.

화단과 화분의 풀꽃 친구

이렇게 생겼어요

가늘게 자라는 줄기는 위에서 가지를 많이 쳐요. 잎은 어긋나게 달리고 깃 모양으로 아주 가늘게 갈라지는 특징이 있어요. 잎이나 줄기를 비벼보면 독특한 향기가 나요. 분홍색, 흰색, 붉은색, 진보라색 등 여러 가지 색깔의 꽃이 여러 송이 피어요. 털이 없고 끝이 긴 열매가 맺히는데, 한번 심으면 씨가 떨어져서 해마다 계속 피어나요.

여러 가지 색깔로 피는 코스모스

코스모스의 열매

재미있는 이야기

신이 제일 처음 만든 꽃이 코스모스였다고 해요. 그런데 처음 만든 코스모스가 너무 가냘프고 만족스럽지가 않자 신은 이것저것 여러 가지 꽃을 만들어보게 되었어요. 그 바람에 이 세상에는 여러 가지 꽃이 생겨났고, 그러다가 제일 마지막으로 만든 꽃이 국화였대요. 코스모스 역시 국화과의 친구이니, 신이 제일 처음 만들고 또 제일 마지막에 만든 영광은 모두 국화과의 친구들이 차지한 셈이 되는 것이죠.

코스모스는 원래 낮의 길이가 짧아지는 가을에 꽃피는 친구지만 요즘은 낮의 길이와 관계없이 꽃피는 친구들이 만들어져 초여름부터 꽃을 볼 수 있어요. 계절을 착각한 게 아니니까 절대 놀라지 마세요.

비슷한 풀꽃 친구

코스모와 잎이 다른 노랑코스모스

가운데 머리 모양의 꽃이 황색인 큰금계국

여름에 황색의 꽃을 피우는 친구를 '**노랑코스모스**'라고 해요. 꽃의 색이 대개 주황색에 가까운 금색이라 '**황금코스모스**'라고도 해요. 잘 살펴보면 잎의 모양이 코스모스보다 넓고 끝이 뾰족하다는 걸 알 수 있어요. 코스모스와 닮았지만 잎이 3~5개로 갈라지기도 하면서 초여름부터 진한 노란색의 꽃을 피우는 친구를 '**큰금계국**'이라고 해요. 황금색의 닭이라는 뜻의 금계국에 비해 크기가 커서 그런 이름이 붙었어요. 금계국은 가운데에 있는 머리 모양의 꽃이 갈색인 데 비해 큰금계국은 진한 황색이에요. 그런가 하면 '기생초'라는 달갑지 않은 이름의 친구도 코스모스와 비슷해요. 너무 예뻐서 그런 이름이 붙은 거죠. 가운데는 검붉은 색이면서 둘레는 노란색이에요. 간혹 꽃 전체가 검붉은 색을 띠는 친구도 있어요.

꽃의 가운데 부분만 검붉은 색을 띠는 기생초

기생초의 붉은색 꽃

봄에 들판을 샛노랗게 물들여요
유채 | 겨자과

오늘 공부하는 풀꽃은요~

● 학명 : *Brassica napus*   3~4월에 꽃피는 두해살이풀이에요.

기름을 짜는 채소라는 뜻으로 유채(油菜)라고 해요. 밭에다 심어 채소로 가꾸기도 하지만 요즘은 화단이나 들녘에 심어 노란 꽃이 무리지어 피어난 모습을 감상하곤 하죠. 유채는 '평지'라는 우리말 이름도 있어요.

이렇게 쓰여요

유채의 꽃대와 잎을 나물로 먹거나 김치를 담가 먹어요. 씨로는 기름을 짜죠. 벌을 쳐서 꿀을 만드는 식물로 이용하기도 해요.

화단과 화분의 풀꽃 친구

이렇게 생겼어요

줄기는 위에서 가지가 약간 갈라져요. 잎 표면은 진한 녹색이고 뒷면은 분칠을 한 것처럼 흰빛이 돌고 가장자리는 톱니 모양이에요. 위로 가면서 잎자루가 없어지고 잎 아래쪽이 귓불처럼 넓어져서 줄기를 감싸는 특징이 있어요. 네 장의 꽃잎으로 된 꽃이 십(十)자 모양으로 많이 모여 피어요. 대개 봄에 피지만 요즘은 가을에도 피게 해서 꽃길을 만들기도 해요. 열매는 원기둥 모양으로 익으며, 그 안에 짙은 밤색 씨가 들어 있어요.

잎이 줄기는 감싸는 유채

재미있는 이야기

유채에는 옥수수나 콩보다 많은 기름이 들어 있어요. 따뜻한 제주도에 가면 샛노란 풍경의 유채밭을 많이 만날 수가 있어서 유채는 제주도를 대표하는 관광 자원이 되었는데, 최근에는 재배 면적이 많이 줄었다고 해요. 그래서 제주도에서는 유채를 채소로 이용하거나 꽃을 보는 데 그치지 않고 씨앗에서 짜낸 기름으로 환경오염을 줄일 수 있는 연료로 만드는 계획을 세웠다고 해요. 석유를 대체할 만한 에너지로 개발하는 것이죠. 꽃도 보고 채소로도 먹고 공해 없는 연료까지 얻는다면 일석삼조겠죠?

샛노랗게 물든 유채밭

비슷한 풀꽃 친구

유채와 비슷한 꽃을 피우는 '갓'이라는 친구가 있어요. '갓김치'라고 해서 유채처럼 김치를 담가 먹어요. 꽃이 피기 전의 어린잎은 매운맛이 나는 편이에요. 씨앗도 매운 편이라 겨자를 만들어 양념으로 쓰기도 해요. 유채의 잎이 줄기를 감싸는 데 비해 갓의 잎은 줄기를 감싸지 않는다는 특징이 있어요. 잎과 줄기에 흔히 검은 자줏빛이 돌아요.

김치로 만들어 먹는 갓

유채꽃과 비슷한 갓의 꽃

잎이 줄기를 감싸지 않는 갓

백일 넘게 피는 꽃
백일홍 | 국화과

오늘 공부하는 풀꽃은요~

• 학명 : *Zinnia elegans* 6~10월에 꽃피는 한해살이풀이에요.

꽃이 백일 동안 붉게 핀다는 뜻으로 백일홍이라고 해요. '나무백일홍' 또는 '목백일홍'이라고도 하는 '배롱나무'하고는 전혀 다른 친구예요. 꽃이 정말로 100일 동안 핀다기보다 그만큼 오래 핀다는 뜻이에요.

 이렇게 쓰여요

이질이라는 병에 효과가 있다고는 하지만 백일홍은 주로 꽃을 보기 위해 심는 친구예요. 꽃꽂이용으로도 자주 쓰여요.

화단과 화분의 풀꽃 친구

이렇게 생겼어요

줄기는 곧게 서요. 긴 달걀 모양의 잎이 줄기를 감싸며 마주나게 달리고, 거친 털이 나 있어요. 붉은색, 노란색, 주황색, 흰색 등등 여러 가지 색의 꽃이 피어요. 꽃잎으로 보이는 것이 실은 각각 하나의

피기 전의 꽃봉오리가 둥근 공 모양인 백일홍

꽃이에요. 가장자리의 혀처럼 생긴 꽃은 암꽃이고 가운데에 대롱처럼 생긴 자잘한 꽃은 암꽃과 수꽃이 모두 갖춰진 양성꽃이라고 해요.

재미있는 이야기

옛날 어느 바닷가 마을에서는 머리가 셋 달린 이무기한테 해마다 처녀 한 명씩을 바쳐야 했어요. 그렇게 하지 않으면 이무기가 풍랑을 일으켜 고기를 잡을 수 없게 했거든요. 올해는 김 첨지의 딸이 제물로 바쳐질 순서였어요. 이 사실을 안 한 남자가 나타나 김 첨지 딸의 옷을 대신 입고 숨어 있다가 이무기가 나타나자 칼로 머리 두 개를 베었어요. 기뻐한 사람들은 목숨을 구해준 인연으로 두 사람의 결혼을 준비하였어요. 그러나 이무기가 다시 나타났다는 소문을 들은 남자는 이무기의 남은 머리마저 베고 오겠

다며 김첨지의 딸에게 백 일만 기다려 달라고 했어요. 그러면서 만약 자신이 무사히 돌아오면 흰 돛을 달고 오고, 그렇지 못 하면 붉은 돛을 달고 올 것이라고 했어요. 김 첨지의 딸은 백 일 동안 하루도 거르지 않고 초례상에 섰던 신부의 차림으로 높은 산에 올라가 남자를 위해 기도했어요. 마침내 백 일째 되던 날, 배가 나타났으나 배는 흰 돛이 아니라 붉은 돛을 달고 있었죠. 김 첨지의 딸은 절망한 나머지 그만 절벽에서 뛰어내리고 말았어요. 그런데 사실은 이무기와 싸우느라 이무기의 피가 튀어 흰 돛이 붉게 물든 것일 뿐 남자는 무사했어요. 급히 오느라 남자는 돛이 붉게 물든 것을 모르고 있었던 거죠. 그 뒤 김 첨지의 딸이 죽은 자리에서는 신부처럼 생긴 꽃이 백일 동안 피었어요. 그래서 사람들은 그 꽃을 백일홍이라고 불렀어요.

비슷한 풀꽃 친구

백일홍처럼 꽃이 오래가는 친구가 하나 더 있어요. '천일홍'이라고 해요. 꽃이 1000일을 간다는 뜻이지만 실제로 그런 건 아니고요, 백일홍 못지않게 오래가기 때문에 붙은 이름이에요.

백일홍 못지않게 오래가는 천일홍

이름에 호랑이가 들어가요

범부채 | 붓꽃과

오늘 공부하는 풀꽃은요~

● 학명 : *Iris domestica* 7~8월에 꽃피는 여러해살이풀이에요.

표범의 무늬처럼 알록달록한 무늬가 꽃잎에 있고 잎이 부챗살 모양으로 달리기 때문에 범부채라고 해요. 꽃 모양이 나비처럼 보이기 때문에 '나비꽃'이라는 별명도 갖고 있어요.

 이렇게 쓰여요

감기에 걸렸을 때, 목이 붓고 아파 침을 삼키기 힘들 때, 가래가 많이 끓을 때 등등에 범부채의 뿌리줄기를 약으로 쓴다고 해요. 하지만 범부채는 독성분을 가진 친구라 함부로 쓰면 안 돼요. 범부채는 주로 아름다운 꽃을 보기 위해 화단 같은 곳에 심는 친구예요.

이렇게 생겼어요

긴 칼 모양의 잎이 편평하게 달려요. 서로 겹쳐진 모습이 부채를 펼쳐놓은 것 같아요. 주황색 바탕에 검붉은 반점이 있는 꽃이 여섯 장의 꽃잎으로 피어요. 열매는 달걀 모양으로 익는데, 윤이 나는 둥근 모양의 검은색 씨가 들어 있어요. 땅 속에 기는줄기가 달리고 그 밑에 수염뿌리가 달려요.

부채 모양으로 펼쳐진 범부채의 잎

검게 익은 범부채의 열매

재미있는 이야기

범부채가 지금의 모양이 된 데에는 다음과 같은 이야기가 전해져요. 옛날에 호랑이가 사냥꾼을 피해 달아나다가 가시덤불에 걸리고 말았어요. 호랑이는 잡히지 않으려고 심하게 몸부림을 쳤어요. 그때 호랑이의 몸에 눌리는 바람에 원래 붓꽃과 비슷한 모양이었던 범부채가 지금처럼 납작해지고 말았어요. 꽃잎에 떨어진 피는 호랑이의 얼룩무늬와 비슷한 무늬가 되어

지금까지 남았다고 해요.

비슷한 풀꽃 친구

범부채와 비슷하지만 꽃의 색이 좀더 진하고 꽃잎에 무늬가 없는 친구를 '애기범부채'라고 해요. 범부채와 달리 수줍은 듯 고개 숙인 채 꽃피는 모습이 아기처럼 귀여워요. '범'이라는 글자가 들어간 친구 중에 '꽃범의꼬리'라는 친구도 화단에서 볼 수 있어요. 여러 가지 색으로 피는 꽃범의꼬리는 꽃이 자동차의 옆거울처럼 제각각 움직이는 재미난 특징이 있어요.

고개를 숙인 채 피는 애기범부채

꽃을 양쪽으로 갈라놓은 듯한 꽃범의꼬리

손대면 터져요
봉선화 | 봉선화과

오늘 공부하는 풀꽃은요~

● 학명 : Impatiens balsamina 7~9월에 꽃피는 한해살이풀이에요.

꽃의 생김새가 머리와 날개를 펴고 날아가려는 봉황새를 닮아서 봉선화(鳳仙花)라고 해요. 봉황은 용처럼 상상의 동물이에요. 봉선화에는 여러 가지 이름이 더 있는데, 그 중에서도 '봉숭아'라는 이름이 우리와 가장 친근하죠.

 이렇게 쓰여요

봉선화는 꽃과 잎으로 손톱을 물들이는 데 써요. 여러 가지 통증을 없애주는 데에 꽃과 뿌리를 약으로 쓰기도 하지만 기본적으로 봉선화 친구들은 독성분을 가졌기 때문에 함부로 쓰는 것은 좋지 않아요.

화단과 화분의 풀꽃 친구

이렇게 생겼어요

두툼한 줄기는 곧게 자라요. 어긋나게 달리는 버들잎 모양의 잎은 가장자리에 톱니가 있어요. 여러 가지 색깔의 꽃이 두세 송이씩 피어요. 겹꽃으로 피는 친구도 있어요. 꽃송이 뒤쪽에 구부러진 꿀주머니가 달리죠. 털이 많이 달린 달걀 모양의 열매가 익으면 건드리기만 해도 톡톡 터지면서 짙은 밤색의 동글동글한 씨를 뱉어내요.

봉선화의 열매

봉선화 열매에서 받아낸 씨앗

재미있는 이야기

그리스 신화에 이런 이야기가 나와요. 옛날에 그리스의 한 여인이 억울하게 도둑의 누명을 쓰고, 정든 올림포스 동산에서 쫓겨났어요. 아무리 해명을 해도 통 들어주지를 않자 너무나 속이 상해서 결국 죽고 말았어요. 그러고는 봉선화가 되었어요. 봉선화가 되어서도 한이 풀리지 않자 누구라도 자기를 건드리기만 하면 열매를 터뜨려 속을 뒤집어 보이면서 자기의 결백을 나타낸다고 해요.

봉선화는 손톱에 물들이는 것으로 우리와 친한 친구예요. 꽃과 잎을 따서 괭이밥의 잎을 넣고 백반, 또는 소금을 약간 넣어 돌로 찧은 다음 손톱에 싸서 하룻밤 정도 매어두면 예쁘게 물이 들어요. 백반으로만 물들이는 것보다 괭이밥의 잎을 섞으면 더욱 예쁘게 물이 든대요. 첫눈이 올 때까지 물들은 손톱이 남아 있으면 첫사랑이 이루어진다고 하죠. 손톱을 예쁘게 보이려고 재미로 하는 일이지만 아이들이 곧잘 죽곤 했던 옛날에는 나쁜 귀신으로부터 생명을 보호하기 위해서 했을 것이라고 해요. 실제로 봉선화는 나쁜 기운을 쫓아낸다고 해서 장독대 주변에 많이 심고, 봉선화에서 나는 냄새 때문에 뱀이나 개구리가 함부로 집 안으로 들어오지 못한다고 해요.

비슷한 풀꽃 친구

봉선화도 습한 곳을 좋아하긴 하지만 봉선화보다 더 물이 있는 곳을 좋아하는 친구가 있어요. '**물봉선**'이라고 해요. 물봉선은 줄기와 꽃 전체가 물기로 가득해서 꽃봉오리를 비벼보면 물이 되어 줄줄 흘러내려요. 긴 방망이 모양으로 익은 열매를 건드리면 꾸르륵하는 소리와 함께 씨앗이 튀어나와요. 흰색의 꽃이 피는 친구는 '**흰물봉선**'이라고 따로 불러요. 봉선화와 달리 물봉선이나 흰물봉선은 잎이 넓은 버들잎 모양이에요. 노란색의 꽃이 피는 친구는 '노랑물봉선'이라고 하는데, 잎의 모양이 또 달라요. 대개 긴 타원형이니까 잘 비교해보세요.

물봉선의 꽃

열매가 익어가는 모습

흰물봉선

잎 모양이 다른 노랑물봉선

해를 향한 일편단심
해바라기 | 국화과

오늘 공부하는 풀꽃은요~

● 학명 : *Helianthus annuus* 8~9월에 꽃피는 한해살이풀이에요.

꽃이 해를 바라보며 피기 때문에 해바라기라고 해요. 그래서 그런지 꽃 모양이 해를 닮았어요. 좋아하는 사람이 있으면 그 사람을 닮아간다고 하잖아요? 해바라기도 해를 좋아하다 보니 해를 닮게 되었나 봐요.

 이렇게 쓰여요

해바라기의 씨는 맛이 고소하고 영양이 많아서 날로 먹기도 하고 여러 가지 방법으로 해서 먹을 뿐 아니라 기름을 짜기도 해요. 잎과 줄기는 가축의 먹이로나 주죠.

이렇게 생겼어요

　줄기는 큰 키로 곧게 자라요. 잎은 어긋나게 달리는데 넓고 큰 심장 모양이에요. 온몸에 거센 털이 잔뜩 나 있어요. 노란색의 커다란 꽃이 피는데, 국화과 친구들이 대개 그러하듯 바깥쪽과 안쪽의 꽃이 서로 달라요. 안쪽에 있는 대롱 모양의 꽃이 나중에 열매가 돼요. 열매는 익어갈수록 고개를 수그려요. 그 안에 들어 있는 달걀 모양의 씨가 검게 익으면 우수수 쏟아져 내려요.

고개숙인 채 익어가는 해바라기

들판의 해바라기밭

재미있는 이야기

　해바라기는 이름 그대로 해를 바라보며 피는 것으로 잘 알려진 친구예요. 식물이면서 해를 따라 움직인다는 것이죠. 그러나 실제로 해바라기의 꽃이 해를 따라 도는 것은 아니라고 해요. 꽃피기 전의 녹색 꽃봉오리가 해를 좇아가기는 하는데, 그것은 광합성을 잘 하기 위해 빛을 향해 굽어지는 것이라고 해요. 그러므로 꽃이 이미 활짝 피어버린 해바라기는 줄기와 잎이 노란색이나 갈색으로 변해 광합성을 할 수 없기 때문에 더 이상 해를 따라갈 필요가 없어요. 그때부터는 항상 같은 방향을 향해 서 있게 되는 것이에요. 즉, 꽃피기 전의 해바라기는 해를 좇아가지만 활짝 핀 해바라기의 꽃은 해를 좇아가는 것이 아니라고 해요.

비슷한 풀꽃 친구

해바라기도 겹꽃으로 피게끔 만들어진 친구가 있어요. '**겹해바라기**'라고 해요. 마치 얼굴이 없는 것 같기도 하고 병에 걸린 모습 같기도 해서 저 얼굴로 해를 쳐다보면 해가 좋아해줄까 하고 괜한 걱정이

조금 이상한 얼굴의 겹해바라기

되기도 해요. 길을 가다 보면 작은 해바라기가 피었네 하고 착각하게 만드는 친구가 하나 있어요. 이름하여 '**뚱딴지**'예요. "그게 무슨 뚱딴지같은 소리냐?"라고 할 때의 바로 그 뚱딴지예요. 뚱딴지의 뿌리 쪽에 달리는 덩이줄기를 '**돼지감자**'라고 하는데, 그 돼지감자처럼 둔하고 무뚝뚝한 사람을 가리켜 뚱딴지라고 하던 것이 지금은 엉뚱한 행동이나 말을 하는 것을 가리

키는 말로 변했어요. 돼지감자라는 이름은 뚱딴지의 덩이줄기가 감자처럼 생겼고, 돼지의 먹이로 주기에 좋기 때문에 붙여진 이름이에요. 맛은 감자와 무를 합쳐놓은 것처럼 밍밍해요.

아름다운 가을풍경을 만드는 뚱딴지

돼지감자라고도 불리는 뚱딴지의 덩이줄기

아파트 화단에 흔해요

맥문동 | 백합과

오늘 공부하는 풀꽃은요~

● 학명 : *Liriope muscari* 5~8월에 꽃피는 여러해살이풀이에요.

뿌리 모양이 마치 껍질이 두꺼운 보리와 비슷하고 또 겨울에도 잎이 시들지 않아 맥문동(麥門冬)이라는 이름이 붙었다고 해요. 푸른 잎이 죽지 않고 그대로 겨울을 난다는 뜻의 '겨우살이풀'이라는 별명도 갖고 있어요.

 이렇게 쓰여요

평소에 몸이 허약한 사람에게 맥문동의 덩이뿌리를 약으로 쓰기도 해요. 여러 가지 좋은 효능이 있어서 차로 꾸준히 마시는 사람도 있어요. 맥문동은 건조하거나 그늘진 곳에서도 잘 자라는 데다가 보라색 꽃이 아름답고, 겨울철에도 잎이 푸르게 살아 있는 것이 정말 보기 좋아요.

화단과 화분의 풀꽃 친구

이렇게 생겼어요

난초처럼 긴 잎이 모여서 나요. 여섯 장의 꽃잎으로 된 보라색 꽃이 긴 꽃대에 3~5개씩 모여 달리며 줄줄이 피어나요. 둥근 콩 모양의 열매는 녹색이다가 윤이 나는 검은색으로 익어요. 뿌리줄기는 짧고 굵으며 수염뿌리의 끝이 뭉툭하게 굵어져요.

긴 꽃대에 모여달리는 꽃 　　　　　 콩 모양의 광택 나는 열매

재미있는 이야기

사계절 중에서 여름철 건강관리가 제일 힘들다고 해요. 열대야 현상으로 잠이 부족하게 되면 쉽게 피로해지고 무기력한 여름을 보내게 되죠. 이럴 때 맥문동과 인삼과 오미자를 2:1:1의 비율로 넣고 달여 물 대신 마시면 좋다고 해요. 그것을 '생맥산(生脈散)'이라고 하는데, 생맥산은 몸속의 기운이 부족하고 입맛이 없을 때, 더위에 땀을 많이 흘려 맥이 약할 때, 식은땀을

흘리고 입안이 자꾸 마를 때 마시면 좋다고 해요. 사람의 몸은 여름철이 되면 겉은 뜨거워도 속은 차가워진다고 해요. 그런데 거기에 자꾸 찬 것만 먹으면 어떻게 되겠어요? 오히려 더 탈이 날 수 있는 거죠. 그러니 덥다고 아이스크림과 같은 찬 음식만 먹지 말고 따뜻한 음식으로 몸을 보호하는 게 여름철을 건강하게 나는 비결이에요.

비슷한 풀꽃 친구

언뜻 맥문동과 구분하기 힘든 친구로 '개맥문동'이 있어요. 맥문동과 달리 개맥문동은 기는줄기가 있고 잎의 너비가 맥문동보다 좁은 편이에요. 맥문동보다 꽃이 드문드문 달리고 꽃의 색이 보다 연하다는 차이점으로 구별하기도 해요. 잎맥의 수가 맥문동은 11~15개이고, 개맥문동은 7~11개라는 것으로 구별하기도 해요. 이름에 '개'자가 붙은 만큼 맥문동보다는 조금 못하다는 이름의 친구라고 볼 수 있죠.

꽃이 드문드문 달리는 개맥문동

버섯도 식물인가요?

결론부터 말하자면 버섯은 식물 친구가 아니에요. 그렇다고 동물 친구도 아니어서 '균류'로 따로 분류해요. 곰팡이와 비슷하다고 생각하면 거의 틀리지 않아요. 엽록소가 없어서 광합성을 하지 않기 때문에 버섯은 필요한 영향분을 다른 곳에서 얻어야 해요. 그래서 바닥에 깔린 낙엽이나 여러 가지 물질들을 분해하며 살아가요.

버섯 역시도 양치식물처럼 꽃이 피지 않고 포자라는 것으로 번식해요. 현재 우리나라에는 스스로 자라는 버섯 종류만 약 1,000종 정도가 기록되다고 해요. 만약 숲에 버섯이 없다면 낙엽이나 가지들이 썩지 않은 채 계속 쌓여갈 거예요. 자연 환경미화원이라고나 할까요? 버섯은 정말 숲에서 없어서는 안 될 소중한 친구예요.

노랑망태버섯

표고버섯

화단을 아름답게 장식해요

분꽃 | 분꽃과

오늘 공부하는 풀꽃은요~

● 학명 : *Mirabilis jalapa*   6~10월에 꽃피는 한해살이풀이에요.

열매의 흰 가루를 화장할 때 분가루로 썼다 하여 분꽃이라는 이름이 붙었어요. 꽃이 오래도록 피는 것 같지만 꽃 한 송이 자체는 오후에 피어 다음날 아침이면 시들어버려요.

 이렇게 쓰여요

분꽃은 씨앗을 화장품의 원료로 써요. 소변을 잘 나오게 하는 데에 뿌리를 약으로 쓰기도 한대요. 하지만 꽃이 피는 기간이 길고 여러 색의 꽃이 피는 것이 아름답기 때문에 화단에 심어 꽃을 보는 친구예요.

이렇게 생겼어요

줄기는 마디가 굵고 가지를 많이 쳐요. 달걀 모양으로 마주나는 잎은 끝이 뾰족해요. 깔때기 모양의 꽃이 붉은색, 노란색, 흰색 등으로 피는데, 여러 가지 색이 섞여 피기도 해요. 녹색이었다가 검게 익는

깔때기 모양의 꽃

열매는 겉에 주름이 많이 져요. 그 안에 흰 가루가 들어 있어요.

까맣게 익은 분꽃 열매

분꽃 열매 안의 흰가루

재미있는 이야기

옛날 폴란드에 큰 세력을 가진 성의 주인이 있었어요. 자식이 없었던 그는 간절한 기도 끝에 딸을 얻게 되었어요. 하지만 후계자로 삼으려면 아들

이어야 했기에 성의 주인은 사람들에게 아들을 낳았다고 속이고는, 딸에게 '미나비리스'라는 남자 이름을 지어주고 남자처럼 살게 했어요. 그러나 아무리 남자처럼 살게 했어도 미나비리스는 여자였기에 결국 한 남자를 사랑하게 되었어요. 괴로워하던 그녀는 아버지께 모든 사실을 털어놓고 여자로 살고 싶다고 하였어요. 하지만 아버지는 그녀를 후계자로 키우고 있었으므로 그녀의 애원을 거절했어요. 절망한 미나비리스는 칼을 바닥에 꽂고 서럽게 울었어요. 그리고는 사라져버렸는데, 며칠 후 그녀가 땅에 꽂은 칼에서 한 송이 꽃이 피어났어요. 그게 바로 분꽃이었다고 해요.

비슷한 풀꽃 친구

작은 키에 여러 가지 색의 꽃을 피우는 채송화

소쿠리에 받아놓은 듯한 채송화의 씨

화단을 장식하는 예쁜 꽃 중에 '채송화'만큼 친근한 친구가 있을까요? 낮은 키로 자라면서 여러 색의 꽃을 통통한 줄기 끝에 한두 송이씩 피워요. 밤이면 꽃잎을 오므리는 특성이 있어요. 열매가 익으면 뚜껑이 열리면서 작은 씨가 쏟아져 나오는데, 마치 소쿠리에 검은 콩을 받아놓은 것 같아요. 삼촌 어렸을 적에는 채송화 씨를 받아 소꿉놀이에 쓰곤 했어요. 요즘은 '금낭화'라는 화려한 꽃을 화단에서 많이 볼 수 있어요. 꽃의 모양이 예쁜 '비단주머니(錦囊)'처럼 생겼다고 해서 금낭화(錦囊花)라고 하는 거예요. 여인들이 치마 속 허리춤에 매달고 다니던 주머니와 비슷하다 하여 '며느리주머니'라는 이름으로도 불려요. 원래는 깊은 산의 습한 곳에 사는 친구지만 꽃이 아름다워 화단에 많이 심어 가꿔요. '수선화' 역시 화단에 심어두면 보기 좋은 친구예요. 수선화는 그리스 신화에 나오는 미소년이 연못에 비친 자기 모습에 반해 빠져죽은 후 피어난 꽃이라고 해요. 요즘은 여러 가지 색과 모양을 가진 꽃이 만들어져 있어요.

예쁜 주머니를 닮은 금낭화

화단에서 흔히 볼 수 있는 수선화

부록 마당

- 식물 용어 찾기
- 찾아보기
- 식물 관찰 일지

1. 식물 용어 찾기

앞에서 공부한 풀꽃 친구 내용에 나오는 낱말, 그리고 그 외에 풀꽃 친구를 공부하는 데 미리 알아두면 좋은 낱말들을 다음과 같이 정리해 놓았으니 꼭 익히고 넘어가도록 해요.

갖춘꽃(완전화) : 수술, 암술, 꽃잎, 꽃받침을 모두 갖추고 있는 꽃

겹꽃 : 여러 겹의 꽃잎으로 이루어진 꽃

겹잎(복엽) : 여러 개의 작은 잎이 모여서 한 개의 잎을 이루는 잎의 형태

관다발 : 물관과 체관으로 구성되어 물 영양분을 이동시키는 역할을 하는 조직

그물맥 : 그물 모양으로 얽혀 있는 잎맥

가는줄기(포복경, 포복지) : 땅 위를 기다가 중간의 마디에서 뿌리가 돋는 줄기

깃꼴겹잎(우상복엽) : 잎자루 좌우 양쪽에 두 쌍 이상의 작은잎이 새의 깃 모양으로 붙은 겹잎

까그라기 : 벼과 식물에서 낟알 부분에 난 털 모양의 껄끄러운 돌기

꼬투리 : 콩과 식물의 열매, 또는 그 열매를 싸고 있는 껍질

꽃가루(화분) : 꽃밥에서 나오는 가루

꽃가루받이(수분) : 꽃가루가 꽃밥에서 암술머리로 옮겨지는 것

꽃받침 : 꽃의 가장 바깥쪽에서 꽃잎을 받치고 있는 부분

꽃받침조각 : 꽃받침을 이루는 조각이 붙어 있지 않을 경우, 각각의 꽃받침을 일컫는 말

꽃밥 : 수술의 끝에 달려 꽃가루를 담고 있는 주머니

꽃이삭 : 한 개의 꽃대에 이삭 모양으로 꽃이 달린 꽃차례

꽃차례(화서) : 여러 개의 꽃이 모여서 이루는 전체적인 모양

나란히맥 : 길러지지 않고 세로로 나란히 벋은 잎맥

단성화 : 동일한 꽃에 암술이나 수술 중 어느 하나만 있는 꽃

두해살이풀 : 싹이 나서 꽃피고 죽는 데까지 두 해가 걸리는 풀

대롱꽃(관상화) : 꽃잎이 대롱이나 관 모양으로 생긴 꽃

덩이줄기(괴경) : 덩이 모양으로 된 땅속줄기

돌려나기(윤생) : 하나의 마디에 잎이나 가지가 세 개 이상 돌려서 나는 모양

땅속줄기(지하경) : 땅 속에 있는 여러 종류의 줄기

떡잎 : 싹이 트면 처음으로 나오는 잎

마주나기(대생) : 하나의 마디에 한 쌍의 잎이 마주나게 달리는 모양

밑씨 : 수정한 후 자라서 씨가 되는 기관으로, 암꽃의 씨방 속에 들어 있음

본잎 : 떡잎 뒤에 나오는 잎

비늘줄기(인경) : 짧은 줄기 둘레에 양분을 저장한 비늘조각이 많이 겹쳐 있는 땅속줄기

뿌리잎(근생엽) : 뿌리 쪽에서 돋아난 잎

뿌리줄기(근경) : 땅 속에서 뿌리처럼 벋는 뿌리로 착각하기 쉬움

삼출겹잎(삼출엽) : 세 장의 작은잎으로 이루어진 겹잎

손꼴겹잎(손바닥모양겹잎, 장상복엽) : 잎자루 끝에 보통 5~7개 정도의 작은잎이 손바닥

모양으로 달리는 겹잎

수꽃 : 수술만 있고 암술은 없거나 흔적만 남아 있는 꽃으로, 안갖춘꽃(불완전화)임

수술 : 꽃가루를 형성하는 기관으로, 꽃밥과 수술대로 이루어짐

수술대 : 수술의 일부분으로, 꽃밥을 받치는 자루

수정 : 암꽃의 밑씨와 수꽃의 꽃가루가 만나 하나로 합쳐지는 것

실눈(무성아, 주아) : 식물체의 잎겨드랑이에 생기는 눈으로, 땅에 떨어져 하나의 개체로 자라남

십자마주나기 : 두 개의 마주나는 잎이 아래 위로 십(十)자를 이루는 모양

쌍떡잎식물 : 떡잎이 두 개인 식물

씨(씨앗, 종자) : 식물의 씨방 안의 밑씨가 수정하여 발달한 것으로, 열매와 다르다

씨방 : 암술 아래 쪽의 부푼 부분으로, 속에 밑씨가 들어 있음

안갖춘꽃(불완전화) : 수술, 암술, 꽃잎, 꽃받침 중 어느 하나 이상을 갖추고 있지 않은 꽃

알줄기(둥근줄기, 구경) : 양분을 많이 저장하여 살이 쪄서 공 모양을 이루는 땅속줄기

암꽃 : 암술만 있고 수술은 없거나 흔적만 남아 있는 꽃으로, 안갖춘꽃(불완전화임

암술 : 열매를 형성하는 기관으로, 암술머리, 암술대, 씨방으로 이루어짐

암술대 : 암술머리와 씨방 사이의 원기둥 모양의 조직

양성화(양성꽃) : 하나의 꽃에 암술과 수술을 함께 갖고 있는 꽃

여러해살이풀 : 겨울이 되면 땅 위의 부분은 죽지만 땅속뿌리나 땅속줄기가 살아 있어서 이듬해 봄이 되면 다시 싹을 내미는 풀

열매(과실) : 씨방이 성숙하여 만들어진 것으로, 씨앗과는 다름

외떡잎식물 : 떡잎이 한 개인 식물

잎맥(엽맥) : 잎몸 안에 맥처럼 벋어 있는 관다발 조직

잎몸(엽신) : 잎에서 잎자루와 턱잎을 제외한 넓은 부분

잎자루(엽병) : 잎몸과 줄기를 연결하는 부분

잎차례(엽서) : 줄기에서 잎이 배열되는 모양

작은잎(소엽, 쪽잎) : 겹잎을 이루고 있는 각각의 잎

줄기잎(경생엽) : 줄기 쪽에 돋아난 잎

총포 : 꽃차례 밑에 붙어 있는 포

총포조각 : 꽃차례 밑에 붙어 있는 포가 다를 경우, 주로 맨 바깥쪽의 조각을 일컬음

톱니(거치) : 잎몸 가장자리에 톱니처럼 잘게 갈라진 부분

턱잎(탁엽) : 잎자루 위 또는 밑에 발달하는 잎 모양의 기관

포(꽃턱잎, 포엽) : 꽃차례 주변에 작게 붙는 잎 모양의 변형된 기관으로, 꽃받침과는 다름

포조각 : 포를 구성하는 각각의 조각

한해살이풀 : 싹이 나서 꽃피고 열매 맺는 과정을 한 해에 마치고 말라 죽는 풀

헛수술 : 꽃밥이 발달하지 않아 꽃가루가 생기지 않는 수술

혀꽃(혀모양꽃, 설상화) : 꽃잎이 혀처럼 편평하고 길쭉한 모양인 꽃

홑꽃 : 한 겹의 꽃잎으로 이루어진 꽃

홑잎(단엽) : 달랑 한 개의 잎으로만 되어 있는 잎

2. 찾아보기

bacaim 56
kosmos 181
mint 56

ㄱ

가시나물 91
가자 162
가재무릇 41
가지 162
각시 107
각시둥굴레 106
각시붓꽃 34, 107
각시원추리 107
갈꽃 130
갈대 130
감국 31
갓 187
갓김치 187
강남콩 165
강낭콩 165

갓춘꽃 21
개 80, 205
개똥벌레 115
개맥문동 205
개미취 30
개쑥부쟁이 29
갯메꽃 49
갯벌 식물 138
갯완두 141
겨우살이풀 203
결명자 168
결명차 168
겹꽃 22
겹잎 17
겹작약 180
겹해바라기 201
고들빼기 87
고마리 110
고만이 110
고초 169
고추 171
곧은뿌리 21
관다발 19

광합성 15
광합성작용 15
괭이밥 101
구절초 30
균류 206
그물맥 16
금계국 184
금낭화 210
금붓꽃 35
기는줄기 20
기생초 184
긴강남차 168
길경 144
깃꼴겹잎 17
까실쑥부쟁이 30
까치다리 84
꼬들비 87
꼬들빼기 87
꼬마부들 123
꼬투리 166
꼴뚝나리 83
꽃 21
꽃가루받이 21, 40

216 부록 마당

꽃마리 24
꽃말이 24
꽃받침 21
꽃밥 22
꽃잎 21
꽃차례 22
꽃향유 58
끈끈이대나물 174

ㄴ

나락 159
나란히맥 16
나무백일홍 189
나문재 137
나비꽃 192
나새이 94
나이 94
나팔꽃 49
남산제비꽃 39
낭낭지갑 94
냉이 94
노랑망태버섯 206
노랑물봉선 198
노랑제비꽃 38

노랑코스모스 183
노루 74
노루귀 72
노루발풀 74
노루오줌 76
녹비 99
눈색이꽃 62
는쟁이냉이 96

ㄷ

단성화 22
단호박 153
달개비 68
달개비풀 126
달뿌리풀 132
닭의밑씻개 68
닭의장풀 68
대나물 176
대롱꽃 28
더덕 147
덩굴강낭콩 167
덩굴닭의장풀 71
덩이줄기 19
도깨비가지 164

도라지 144
돌+아지 144
돌려나기 18
동의나물 45
동자꽃 66
돼지감자 201
두해살이풀 14
둥굴레 104
둥근잎유홍초 49
들국화 29
들깨 150
땅나리 82
땅속줄기 19
뚝갈 79
뚱딴지 201

ㅁ

마름 120
마주나기 18
마타리 77
말나리 82
말냉이 96
매화노루발 75
맥문동 203

찾아보기 217

메 46
메꽃 46
며느리밑씻개 112
며느리배꼽 112
모란 179
모래지치 116
목단 179
목백일홍 189
문들레 51
문들레 51
물관 19
물달개비 126
물봉선 197
물옥잠 124, 126
미국수련 120
미꾸리낚시 113
미나리냉이 96
미나리아재비과 76
민테 58
민트 56, 58

박주가리 97

박하 56
반디지치 114
반딧불이 115
반지꽃 37
반하 43
배롱나무 189
배초향 58
백가지 164
백두옹 64
백일홍 97, 189
버섯 206
범부채 192
범의꼬리 194
벗 127
벗풀 127
벼 159
보리 161
보릿고개 161
보풀 127, 129
복수초 61
복풀 61
봉선화 195
봉숭아 195

부들 121
부레 124
부레옥잠 124
분꽃 207
불완전화 21
불장이 27
불쟁이 27
붉은강낭콩 168
붓꽃 32
비늘줄기 19
뻐꾹나리 83
뿌리 20
뿌리잎 18

산국 31
산박하 58
살눈 81
살사리꽃 181
삼출겹잎 17
생맥산 204
생식기관 15
서양민들레 53

선괭이밥 103
손꼴겹잎 17
수련 119
수복초 61
수선화 210
수세미오이 153
수술 21
수술대 22
수염뿌리 21
수정 21, 40
숙은노루오줌 76
시금초 101
식물의 구조 15
신초 169
십자마주나기 18
쌍떡잎식물 16
쑥+불쟁이 27
쑥부쟁이 27
쓴풀 90
씀바귀 89
씨눈 82
씨름꽃 36
씨방 22

씬나물 87

ㅇ

아이리스 32
아재비 76
아주까리 157
안갖춘꽃 21
안질방이 51
앉은부채 44
알록제비꽃 39
알줄기 19
알팔파 100
암술 2
암술대 22
암술머리 22
애기 50
애기괭이눈 50
애기나리 50, 82
애기똥풀 84
애기메꽃 48
애기범부채 50, 194
애기부들 123
야홍화 91

양성화 22
어긋나기 18
어리연꽃 120
억새 132
얼레지 41
얼음새꽃 62
엉겅퀴 91
여러해살이풀 14
연 117
연근 117
연밥 117
연복초 63
연화 117
염초 134
영양기관 15
오랑캐꽃 37
오색고추 171
오이 153
오이풀 59
옥잠화 124
옥죽 104
완전화 21
왕고들빼기 89

외떡잎식물 16
용둥굴레 106
우산나물 158
유채 185
잎 15
잎맥의 종류 16
잎몸 15
잎자루 15
잎차례 18

ㅈ

자운영 98
자주개자리 100
자주쓴풀 89
작약 177
잔대 146
적약 177
제비꽃 36
제우스 57
졸방제비꽃 39
좀부들 123
종지나 39
종지나물 39
주아 82

줄기 19
줄기잎 18
중나리 82
지느러미엉겅퀴 93
짚신나물 59
짝수깃꼴겹잎 17
쪽잎 17

ㅊ

차조기 150
차즈기 150
참 80
참깨 148
참꽃마리 26
참나리 80
채송화 209
천남성 43
천일홍 191
체관 19
총포조각 53
층층갈고리둥굴레 107
칠면초 136

ㅋ

코스모스 181
큰괭이밥 103
큰금계국 183
큰엉겅퀴 93
클로버 100

ㅌ

타래붓꽃' 35
턱잎 15
토끼풀 100
토란 155
토련 155
통꽃 28
통둥굴레 106
통통마디 134

ㅍ

파설초 72
패장 77
페르세포네 57
포 69
표고버섯 206
피나물 86
피마자 157

ㅎ

하늘고추 171
하늘말나리 82
하늘타리 153
하데스 57
한해살이풀 14
할미꽃 64
함박꽃 177
함초 134
해국 139
해바라기 199
해홍나물 136
향유 58
허브 식물 60
헛수술 69
혀꽃 28
혀 모양꽃 28
형설지공 116
호랑나리 80
호박 151
홀수깃꼴겹잎 17
홑잎 17
홑꽃 22
화초고추 171

황금코스모스 183
흰물봉선 197
흰민들레 54
흰제비꽃 38

식물 관찰 일기 1

관찰 식물 이름		날씨	
관찰 일자	년 월 일	관찰 장소	

1. 관찰한 식물 사진을 붙이거나 그림을 그려보세요

2. 관찰한 식물의 특징을 그림이나 글로 기록해 보세요

3. 식물을 관찰하고 알게 된 사실이나 느낀점을 적어 보세요

식물 관찰 일기 2

관찰 식물 이름		날씨	
관찰 일자	년 월 일	관찰 장소	

1. 관찰한 식물의 생김새(사진을 붙이거나 그림)를 그려보세요

2. 관찰한 식물의 특징을 그림이나 글로 기록해 보세요

3. 식물을 관찰하고 알게 된 점을 적어 보세요

4. 식물에 대해 더 알고 싶은 것과 관찰하고 난 느낌을 적어 보세요

작은 생명의 소중함과 아름다움

  삼촌과의 풀꽃 친구 나들이가 즐거웠는지 모르겠어요. 풀꽃과 친구 되는 일이 쉽지만은 않지만 일단 한번 얼굴을 알고 이름을 기억해 두면 오래도록 변치 않는 친구가 되어줄 거예요.

  중요한 건, 내가 먼저 관심을 두고 다가가 손을 내미는 일이에요. 친구는 저절로 생기는 게 아니거든요. 그 작고 예쁜 꽃을 허리 숙여 들여다보고 손으로 직접 만져보세요. 코끝에 대고 향기도 맡아보고 살짝 맛도 보며 열매를 터뜨리는 소리에 귀 기울여보세요.

  내가 다가간 만큼 풀꽃 친구도 내 안으로 다가올 거예요.

  삼촌도 이 책을 준비하면서 더 많은 것을 공부할 수 있어 좋았어요. 이미 알고 지내던 친구들이었지만 새로 인사하며 한 걸음 더 가까이 지낼 수 있었어요. 그리고 어린이 여러분을 위한 책이었기에 더욱 보람되고 즐거운 마음으로 작업할 수 있었기도 해요.

　삼촌은 이 책을 통해 여러분이 풀꽃 친구뿐 아니라 작고 하찮아 보이는 많은 것에도 관심을 가져주었으면 해요. 낮고 그늘진 곳에도 우리와 함께 살아가는 여러 생명이 있다는 사실을 잊지 말기로 해요. 그 작은 생명의 소중함과 아름다움을 볼 줄 아는 눈이 길러졌을 때 여러분의 눈도 아름답게 빛날 거예요.

도서출판 이비컴의 실용서 브랜드 **이비락**樂은 더불어 사는 삶에 긍정의 변화를 줄
유익한 책을 만들기 위해 노력합니다.

원고 및 기획안 문의 : bookbee@naver.com